PRÉCIS DE ZOOLOGIE

Précis de Botanique moderne pour la préparation au Brevet élémentaire (*Aspirants et Aspirantes*). — Vol. 18/12cm, cartonné toilé . . . . 1 fr. 25

Précis de Géologie pour la préparation au Brevet élémentaire
(*Sous presse.*)

Les Fleurs expliquées. *Etude sommaire de 100 Plantes* très communes partout. — Un volume 22/14cm orné de 387 jolies gravures pouvant être coloriées . . . . 1 fr. 50

Cet ouvrage, qui s'adresse surtout aux jeunes gens, filles et garçons, expose d'une manière remarquablement attrayante et scientifique la manière de « disséquer » les fleurs les plus communes, de les étudier, d'en connaître l'architecture si variée ; rien n'est plus apte à faire aimer la Botanique et à permettre de l'apprendre sans la moindre fatigue. C'est un livre qui, pendant l'année scolaire, a sa place marquée sur le bureau de tous les élèves ; ceux-ci auront également toujours grand plaisir à le consulter en villégiature à la campagne. Ses nombreuses gravures peuvent être coloriées et transformées en jolies aquarelles par les élèves même les moins habiles à manier le pinceau.

Lectures Zoologiques, à l'usage des élèves des lycées, des écoles primaires supérieures, des écoles normales, des écoles de commerce, des écoles d'agriculture et des cours d'adultes. — Un volume 23/15cm de 298 pages et 100 gravures, cart. toile. . . . 2 fr. 50

Lectures sur les Sciences naturelles :

Les Arts et Métiers chez les Animaux (4e édition).
Les Animaux excentriques (3e édition).
Les Plantes originales (2e édition).
Les Bizarreries des Races Humaines.
Promenade scientifique au pays des Frivolités.

Volumes 28/19cm, titre rouge et noir, illustrés de nombreuses gravures et ornés d'une aquarelle. — Brochés . . . . 4 fr. »
Reliés toile, titre et filets or, coins, tête dorée. . . . . 6 fr. »
Reliés dos et coins maroquin, tête dorée . . . . 10 fr. »

Précis de Zoologie

pour la

PRÉPARATION AU BREVET ÉLÉMENTAIRE

(*Aspirants et Aspirantes*)

par

Henri COUPIN

Collaborateur du Musée pédagogique,
Docteur ès sciences,
Chef de Travaux d'Histoire Naturelle à la Sorbonne,
Lauréat de l'Institut.

ANATOMIE ET PHYSIOLOGIE DE L'HOMME
NOTIONS D'HYGIÈNE
CLASSIFICATION DES ANIMAUX
QUESTIONS POSÉES AU BREVET ÉLÉMENTAIRE

PARIS

VUIBERT ET NONY ÉDITEURS

63, Boulevard Saint-Germain, 63

—

1908

PRÉCIS DE ZOOLOGIE

CHAPITRE PREMIER

GÉNÉRALITÉS SUR LA ZOOLOGIE

§ 1. — Définitions.

1. — La *Zoologie* est l'étude des animaux.

2. — L'*Anatomie* est l'étude des organes considérés quant à leur forme et à leur structure.

3. — La *Physiologie* est l'étude des *fonctions* des organes, c'est-à-dire de leur utilité et de la façon dont ils parviennent à remplir leur rôle.

§ 2. — Caractères des animaux.

4. — Les animaux sont, comme les plantes, des *êtres vivants*. Ils se distinguent des *corps bruts* en ce que :

a) Ils *grandissent* et *meurent* ;

b) Ils *se nourrissent* ;

c) Ils *respirent* ;

d) Ils *se multiplient*, c'est-à-dire qu'ils donnent naissance à d'autres individus semblables à eux.

5. — Ils se distinguent des *plantes* ou *végétaux* en ce que :

a) Ils *se meuvent*, ce qui leur permet d'aller chercher leur nourriture ;

b) Ils sont *sensibles* aux impressions venues du dehors : par exemple un Chien auquel on pince la patte la retire.

§ 3. — La cellule animale.

6. — Le corps de tous les animaux est composé de *cellules*, c'est-à-dire de petites mas-ses microscopiques (*fig.* 1), contenant chacune de la matière albuminoïde, le *protoplasma*, et, vers le milieu, un *noyau*, bril-lant, renfermant un petit *nucléole*.

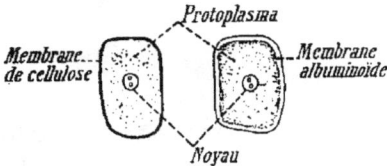

Fig. 1. — Comparaison d'une cellule végétale (*à gauche*) et d'une cellule animale (*à droite*).

7. — Il y a souvent autour de chaque cellule une *membrane* ; mais celle-ci est de nature albuminoïde, généralement molle, et *jamais* constituée, comme cela a lieu chez les plantes, par de la *cellulose*.

8. — D'autre part, ces cellules ne renferment jamais de la matière verte appelée *chlorophylle*, si répandue chez les végétaux.

9. — Le noyau paraît avoir un certain rôle dans la multiplica-

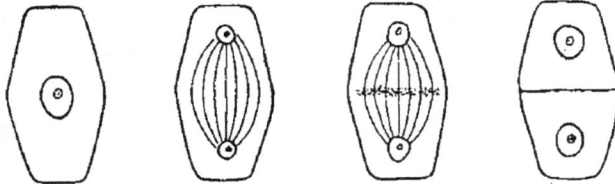

Fig. 2. — Phases successives de la division d'une cellule.

tion des cellules. Voici, en effet, comment s'opère ce phéno-mène (*fig.* 2) : lorsque la cellule est suffisamment grande, on voit le noyau se diviser peu à peu en deux autres qui, d'abord en contact, s'éloignent l'un de l'autre, mais en étant toujours réunis par de fins filaments dont l'ensemble figure un tonnelet. Le milieu du tonnelet ne tarde pas à s'épaissir et à se transformer en une membrane qui grandit et finalement rejoint la cloison de la première cellule, tandis que les filaments disparaissent. A ce moment, au lieu de la cellule primitive on a deux cellules ayant chacune un noyau : ces nouvelles cellules agissent comme la première, et ainsi de suite. Toutes les cellules du corps de l'animal proviennent donc les unes des autres.

§ 4. — Tissus.

10. — Les cellules présentent diverses formes suivant les fonctions qu'elles doivent remplir. La réunion de plusieurs cellules semblables constitue un *tissu*. On distingue principalement :

11. — Le *tissu épithélial*, formé de cellules placées les unes à

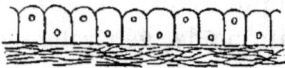

Fig. 3. — Épithélium.

côté des autres (*fig.* 3), de manière à constituer une membrane (*épithélium*) recouvrant les parties externes du corps des animaux ou tapissant les parois internes des organes creux. Il est quelquefois formé de cellules accumulées en plusieurs assises (par exemple la peau). Si les cellules qui le composent sont garnies de cils sans cesse en mouvement (*cils vibra-*

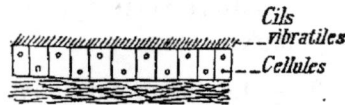

Fig. 4. — Épithélium vibratile.

tiles), l'épithélium est dit *vibratile* (*fig.* 4) ; on en trouve, par exemple, sur toute la paroi interne du larynx.

12. — Le *tissu cartilagineux*, dont les cellules, rondes ou ovales, (*fig.* 5) sont séparées par une épaisse couche (substance in-

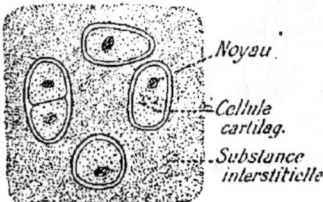

Fig. 5. — Tissu cartilagineux.

terstitielle) d'une matière un peu flexible et translucide

le *cartilage*, se transformant facilement en gélatine par l'ébullition. On en trouve, par exemple, à l'extrémité des os, c'est-à-dire aux endroits où ils s'articulent entre eux.

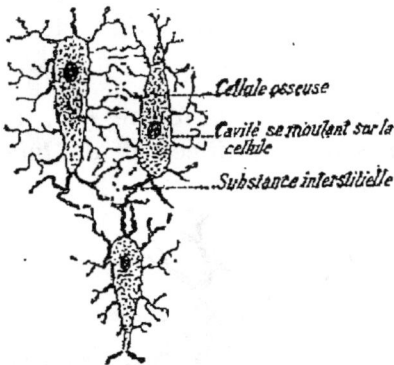

Fig. 6. — Trois cellules du tissu osseux.

13. — Le *tissu osseux*, où les cellules (*fig.* 6) présentent de courtes ramifications (*corpuscules osseux*), ramifications qui sont encastrées dans la substance qui sépare les cellules et qui est constituée surtout par des sels calcaires (substance osseuse).

14. — Le *tissu élastique*, formé de fibres ramifiées et élastiques (*fig.* 7).

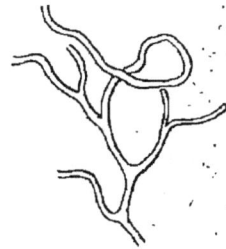

Fig. 7. — Fibre élastique.

15. — Le *tissu adipeux*, où les cellules sont remplies de graisse (*fig.* 8).

Fig. 8. — Une cellule du tissu adipeux.

16. — Le *tissu musculaire lisse*, formé de cellules très allongées, pointues aux deux bouts (*fig.* 9) et susceptibles de se contracter, généralement sans que la volonté intervienne pour cela. Ces *fibres musculaires lisses* sont très abondantes dans les vaisseaux sanguins, l'intestin, etc.

Fig. 9. — Fibre musculaire lisse.

17. — Le *tissu musculaire strié*, formé de fibres allongées, rouges, et présentant de fines petites lignes, des stries (*fig.* 10), à la fois en long et surtout en travers. Ce sont ces fibres qui constituent les *muscles*, et leur contraction s'opère sous la dépendance de la volonté.

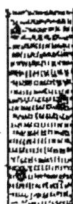

Fig. 10. — Portion d'une fibre musculaire striée.

18. — Le *tissu nerveux*, formé (*fig.* 11) de *cellules nerveuses* ramifiées et de *tubes nerveux* qui en partent sous forme de longs cordons pleins, entourés d'une gaine de matières grasses.

Les cellules nerveuses se montrent, par exemple, dans la *substance grise* du cerveau ; les tubes nerveux dans la *substance blanche* de ce même organe et dans les *nerfs* qu'ils forment entièrement.

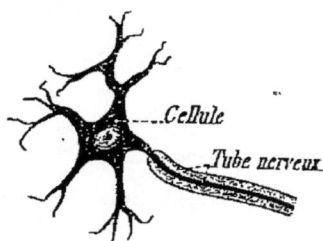

Fig. 11. — Une cellule nerveuse, avec le début d'un tube nerveux.

§ 5. — Organes.

19. — Les tissus, seuls ou à plusieurs, constituent les *organes* ou *appareils*, parmi lesquels il faut citer surtout les appareils de la *digestion*, de la *circulation*, de la *respiration*, de l'*excrétion*; le *squelette*, les *muscles*, le *système nerveux*, les *organes des sens*.

§ 6. — Classification générale des animaux.

20. — Nous étudierons en détail, plus loin, la classification des animaux, c'est-à-dire la manière de les grouper suivant leurs ressemblances. Nous nous contenterons d'indiquer ici sommairement les caractères généraux des huit grandes divisions du Règne animal, divisions auxquelles il est fait allusion dans l'*Anatomie et la Physiologie*, dont l'étude va suivre.

I. — *Embranchement des* Vertébrés : Possèdent un squelette intérieur (*fig.* 12). Ils se divisent en 5 classes :

a) *Mammifères.* — Corps couvert de poils. Des mamelles.

b) *Oiseaux.* — Corps couvert de plumes. Des ailes.

c) *Reptiles.* — Corps couvert d'écailles. Respiration aérienne.

d) *Batraciens.* — Corps nu. Respira-

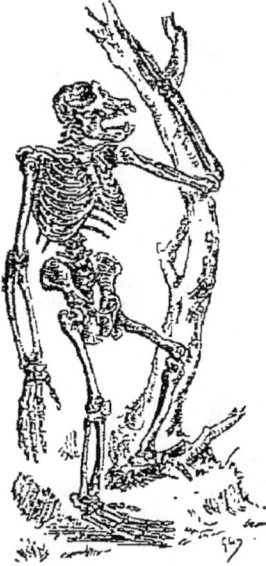

Fig. 12. — Exemple d'un squelette de Vertébré : Chimpanzé.

Fig. 13. — Un Mollusque : l'Escargot.

tion d'abord aquatique, puis aérienne.

e) *Poissons.* — Corps couvert d'écailles. Des nageoires. Respiration aquatique.

II. — *Embranchement des* Mollusques : Corps mou, souvent revêtu d'une coquille (*fig.* 13).

III. — *Embranchement des* Arthropodes : Corps formé d'anneaux successifs (*fig.* 14). Des pattes articulées. Ils se divisent en 4 classes :

a) *Insectes.* — Trois paires de pattes. Respiration aérienne.

b) *Arachnides.* — Quatre paires de pattes. Respiration aérienne.

c) *Myriapodes.* — Nombreuses paires de pattes. Respiration aérienne.

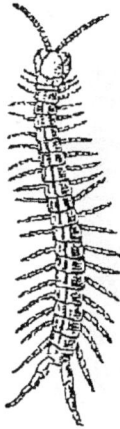

Fig. 14. — Un Arthropode : la Scolopendre.

d) *Crustacés.* — Respiration aquatique.

IV. — *Embranchement des* VERS : Corps formé d'anneaux successifs. Pas de pattes articulées (*fig.* 15).

V. — *Embranchement des* ÉCHINODERMES : Corps rayonné couvert de piquants (*fig.* 16).

Fig. 15. — Un Ver : le Ver de terre.

Fig. 16. — Un Échinoderme : l'Étoile de mer.

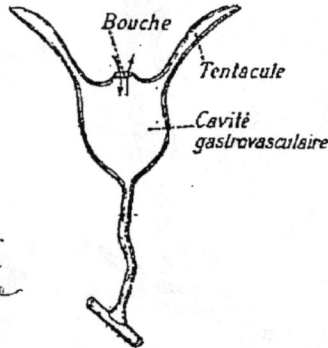

Fig. 17. — Un Cœlentéré : l'Hydre d'eau douce.

VI. — *Embranchement des* CŒLENTÉRÉS : Corps rayonné, mou (*fig.* 17).

VII. — *Embranchement des* SPONGIAIRES : Corps sans symétrie pourvu de nombreuses bouches (*fig.* 18).

VIII. — *Embranchement des* PROTOZOAIRES : Corps microscopique formé d'une seule cellule (*fig.* 19).

Nous allons commencer par l'étude de l'Homme, considéré au point de vue de son Anatomie et de sa Physiologie. Nous étudierons successivement. ses

Fig. 18. — Un Spongiaire : l'Éponge de toilette.

Fig. 19. — Un Protozoaire : le Stentor (énormément grossi).

divers appareils, en jetant, de temps à autre, un coup d'œil sur les principales modifications de ceux-ci, considérés dans la série animale, ou comme l'on dit, en en faisant l'*anatomie comparée*.

PREMIÈRE PARTIE

ANATOMIE ET PHYSIOLOGIE

CHAPITRE II

L'APPAREIL DIGESTIF ET LA DIGESTION

---

§ 1. — Généralités.

21. — Les aliments, pour servir à l'entretien de notre existence, doivent parcourir notre *appareil digestif* et y subir diverses modifications chimiques.

22. — Cet appareil (*fig.* 20) se résume en un *tube* plus ou moins dilaté par places, ouvert seulement aux deux extrémités (pour l'entrée et la sortie des substances alimentaires) et portant diverses *glandes* qui y déversent leurs produits de sécrétion.

23. — Les parties principales du tube digestif sont : 1° la *bouche ;* 2° l'*œsophage ;* 3° l'*estomac;* 4° le *petit intestin* ou *intestin grêle ;* 5° le *gros intestin.*

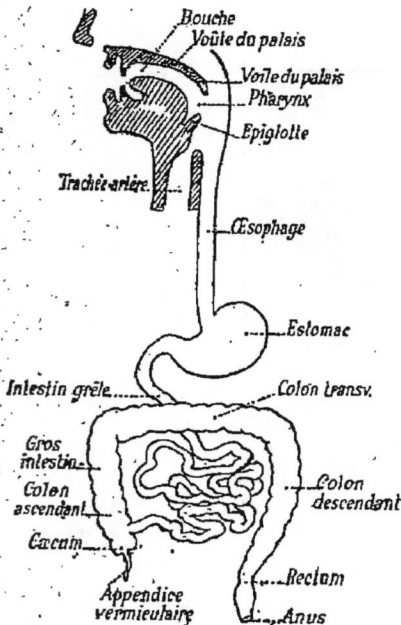

Bouche
Voûte du palais
Voile du palais
Pharynx
Épiglotte
Trachée artère
Œsophage
Estomac
Intestin grêle
Colon transv.
Gros intestin
Colon ascendant
Colon descendant
Cœcum
Rectum
Appendice vermiculaire
Anus

Fig. 20. — Schéma de l'ensemble du tube digestif de l'homme.

§ 2. — Bouche.

24. — La bouche est limitée en avant par les *lèvres*, qui peuvent s'écarter ou se rapprocher à volonté ; sur les côtés, par les *joues*; en arrière par le pharynx, l'*isthme du gosier*, simple région qui réunit progressivement la bouche et l'œsophage.

Le pharynx est en partie oblitéré par une lame charnue, le *voile du palais*, qui pend de la partie supérieure, mais est entièrement libre à la partie inférieure où il se prolonge par une petite languette appelée *luette*. Sur les côtés du pharynx, on remarque deux grosses masses framboisées, les *amygdales*, dont le rôle n'est guère connu et dont l'ablation est très utile pour éviter les « maux de gorge ».

25. — Dans la bouche se trouvent la *langue*, qui sert triplement à mélanger les aliments, à les goûter et à parler, et les *dents*, organes indispensables pour couper ou broyer les aliments solides.

26. — **Dents.** — Les dents (*fig.* 21) sont des organes durs, en partie enfoncés dans les bords des mâchoires ou *gencives*, chacune ayant une cavité particulière ou *alvéole*. La région des dents enfoncée dans l'alvéole porte le nom de *racine*, tandis que celle qui fait saillie dans la bouche est la *couronne*. La ligne qui sépare la racine de la couronne est le *collet*.

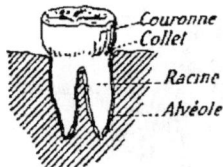

Fig. 21. — Une dent (molaire).

27. — La racine a une forme conique ; elle est tantôt simple, tantôt divisée en deux ou trois branches. Elle est formée de dehors en dedans (*fig.* 22) par : 1° le *cément*, matière analogue à l'os ; 2° l'*ivoire*, substance très dure, de nature calcaire ; 3° la *pulpe*, substance molle, comprenant surtout des vaisseaux sanguins et des nerfs qui y pénètrent par la pointe des racines.

28. — La couronne est aplatie, de manière à être coupante, ou massive, c'est-à-dire semblable à une petite meule, suivant les régions des mâchoires. Elle est formée de dehors en dedans (*fig.* 22) par : 1° l'*émail*, sorte de vernis très brillant et très solide qui la recouvre, mais qui malheureusement « s'écaille » quand on mâche des corps trop durs ou se détruit lorsqu'on ne le brosse pas au moins une fois par jour ; l'émail abîmé amène les dents à se « gâter » ; 2° l'*ivoire*, qui s'altère très vite quand l'émail est enlevé et qui devient alors très sensible

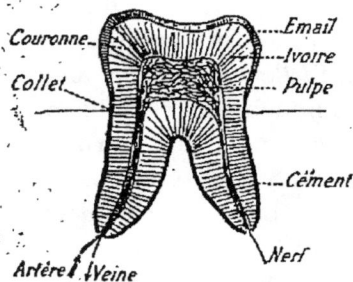

Fig. 22. — Coupe longitudinale d'une dent (molaire).

par suite de la présence de fins filets nerveux dans sa masse ; 3° la *pulpe*, qui se continue avec celle de la racine.

29. — Toutes les dents ne sont pas semblables : chez l'Homme adulte, il y en a 32, c'est-à-dire 16 à la mâchoire supérieure, 16 à la mâchoire inférieure. En haut et en bas elles ont exactement la même disposition (*fig.* 23). Il y a, à chaque mâchoire : 1° au milieu, les *incisives*, à couronne plate et coupante et à racine simple ; puis, à droite aussi bien qu'à gauche, 2° une *canine*, à couronne un peu pointue, de forme conique et à racine simple, mais fort longue et solidement implantée ; 3°

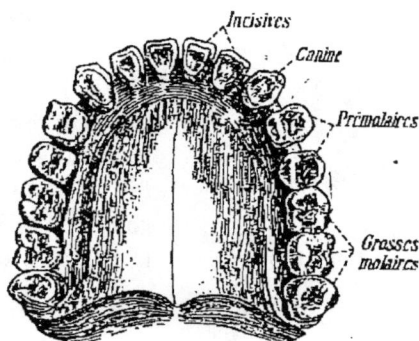

Fig. 23. — Mâchoire supérieure.

deux *petites molaires* ou *prémolaires* à couronne cylindrique, à surface un peu bosselée, à racine généralement double ; 4° trois *grosses molaires*, à couronne massive et cylindrique, à surface présentant quelques saillies irrégulières, à racine généralement triplé.

30. — Dans toute la bouche, il y a donc 8 incisives, 4 canines, 8 prémolaires, 12 molaires ; en tout 32 dents.

31. — La disposition des dents varie beaucoup d'une espèce à l'autre chez les animaux. Aussi, pour faciliter leur description se sert-on d'un mode d'abréviation appelé *formule dentaire.* Celle-ci consiste en une série de fractions correspondant *à la moitié* des mâchoires, supposées divisées par un plan vertical et médian ; les numérateurs sont relatifs à la mâchoire supérieure tandis que les dénominateurs sont relatifs à la mâchoire inférieure. Ainsi, la formule dentaire de l'Homme est

$$\frac{2}{2}\text{I} \qquad \frac{1}{1}\text{C} \qquad \frac{2}{2}\text{PM} \qquad \frac{3}{3}\text{GM}$$

ou plus simplement

$$\frac{2}{2} + \frac{1}{1} + \frac{2}{2} + \frac{3}{3},$$

ce qui veut dire qu'à droite aussi bien qu'à gauche, on rencontre, en haut et en bas, deux incisives, une canine, deux prémolaires, trois grosses molaires.

32. — Chez l'enfant, les dents sortent les unes après les autres des mâchoires, de manière à arriver au nombre de *vingt* (8 incisives, 4 canines, 8 prémolaires, o molaire) ; ce sont les *dents de lait.* Ces dents n'*ont pas de racine ;* elles tombent successivement vers l'âge de 7 ans, et sont alors remplacées par des dents à racine qui leur correspondent exactement et auxquelles viennent s'ajouter des grosses molaires. Les dernières de celles-ci ne se développent souvent que fort tard, vers l'âge de 25 ou 30 ans, et portent alors le nom de *dents de sagesse :* leur sortie est souvent pénible.

33. — **Glandes salivaires.** — Les glandes salivaires sécrètent de la *salive* et la déversent dans la bouche. Il y en a six (*fig.* 24) : 1º deux *glandes sublinguales*, situées sous la langue ; 2º deux *glandes sous-maxillaires*, placées latéralement par rapport aux précédentes, mais laissant, comme elles, écouler leur salive sur le plancher de la bouche (c'est-à-dire sous la langue); 3° deux *glandes parotides*[1], qui sont les plus volumineuses et sont situées (dans l'épaisseur des chairs) un peu au-dessous et en avant de l'oreille ; leur canal sécréteur vient s'ouvrir au niveau de la deuxième molaire supérieure.

34. — Si, par la dissection, on isole ces glandes salivaires, on voit qu'elles ont la forme de grappes de raisin (*fig.* 25), d'où le nom de *glandes en grappes* qu'on leur donne. Les sphères sont les parties où se forme la salive et celle-ci s'écoule dans l'intérieur des canaux ramifiés qui les supportent.

La région qui réunit la bouche à l'œsophage est *l'arrière-gorge* ou *isthme du gosier*.

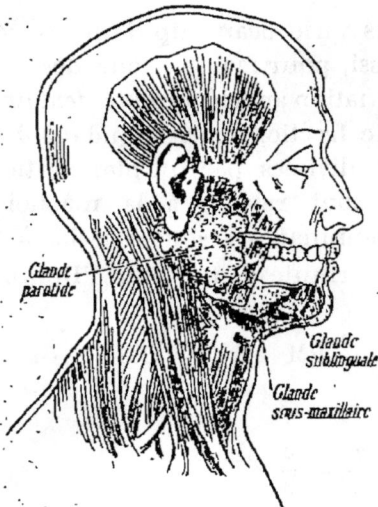

Fig. 24. — Les glandes salivaires.

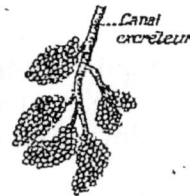

Fig. 25. — Portion de glandes salivaires.

§ 3. — Œsophage.

35. — L'œsophage est un tube cylindrique d'environ 25 centimètres de long, à parois assez dilatables (ce qui permet d'avaler de « grosses bouchées ») ; il part de l'arrière-gorge, descend dans la poitrine (entre la trachée-artère en avant et la colonne vertébrale en arrière) et, enfin, traverse le diaphragme pour se jeter dans l'estomac. La partie supérieure de l'œsophage s'appelle le *pharynx* (qu'il ne faut pas confondre avec le *larynx*).

---

1. C'est l'inflammation des glandes parotides qui produit la maladie des *oreillons*, très fréquente chez les enfants.

§ 4. — Estomac.

36. — L'estomac est une vaste poche (*fig.* 26) qui a la forme d'une cornemuse disposée horizontalement, de manière que sa partie la plus large ou grande *tubérosité* soit située à gauche, tandis que sa région plus étroite ou *petite tubérosité* est à droite. L'endroit où l'œsophage se réunit à l'estomac est le *cardia*.

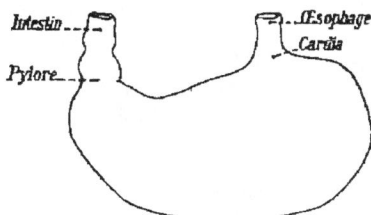

Fig. 26. — Estomac.

Celui où l'estomac se continue avec l'intestin est le *pylore*, lequel est légèrement rétréci.

37. — Les parois de l'estomac, très dilatables, comprennent à l'extérieur une assez grande épaisseur de fibres-musculaires lisses, les unes longitudinales, les autres transversales, d'autres obliques. Parmi ces dernières on en remarque quelques-unes superficielles qui passent en sautoir (*fig.* 27) au-dessus de la grande *tubérosité* et ont reçu le nom de

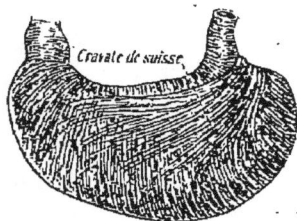

Fig. 27. — Muscles de l'estomac.

cravate suisse. Les diverses directions des fibres permettent à celles-ci, en se contractant, de « brasser » les aliments dans tous les sens.

38. — La partie interne de l'estomac est occupée par une membrane épaisse et toujours humide : c'est la *muqueuse de l'estomac*, laquelle présente des plis longitudinaux et se gonfle beaucoup au moment de l'arrivée des aliments dans l'estomac, tout en sécrétant abondamment du *suc gastrique*. Celui-ci est produit par d'innombrables *glandes gastriques* qui se trouvent dans l'épaisseur même de la muqueuse et dont certaines

sont un peu ramifiées. Les unes sont à contour assez régulier :
ce sont les glandes muqueuses (fig. 28). D'autres sont plus bosselées ; ce sont les *glandes à pepsine* (fig. 29), surtout abondantes du côté du cardia. Ces dernières sont les plus importantes.

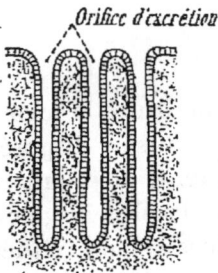

Fig. 28. — Glandes muqueuses.

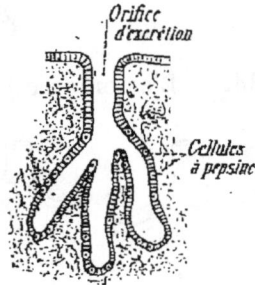

Fig. 29. — Glande à pepsine.

§ 5. — Intestin grêle.

39. — L'intestin grêle [1] est un tube d'environ 8 mètres de long et de 3 centimètres de diamètre. Pour se loger dans l'abdomen, il est, par suite de sa grande longueur, obligé de se recourber nombre de fois sur lui-même en formant des *circonvolutions*.

40. — Il est soutenu (*fig.* 30) par une double membrane très

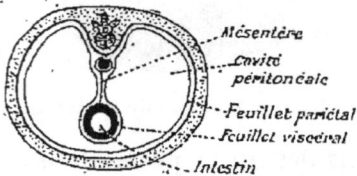

Fig. 30. — Coupe transversale de l'abdomen.

fine qui le réunit à la région de la colonne vertébrale et qui porte le nom général de *péritoine* [2], tandis qu'on réserve celui de *mésentère* à la partie immédiatement en relation avec l'intestin.

41. — On distingue dans l'intestin, à partir de l'estomac, trois régions sans limites précises : le *duodénum*, le *jéjunum* et l'*iléon*.

---

1. Chez les animaux de boucherie, on désigne les intestins sous le nom de *boyaux*.
2. L'inflammation du péritoine porte le nom de *péritonite*. Elle est surtout caractérisée par l'abondance extrême du liquide contenu entre les deux feuillets de la membrane.

42. — Les parois de l'intestin sont constituées : en dehors par une *tunique* de fibres musculaires lisses, en dedans par une *maqueuse* qui renferme de nombreuses *glandes* en forme de tubes et qui présente de nombreux prolonge-

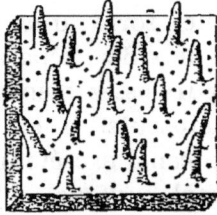

Fig. 31. — Villosités intestinales (figurées vues à la loupe). Les points représentent les orifices des glandes.

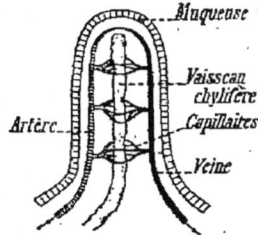

Fig. 32. — Coupe schématique d'une villosité intestinale.

ments ou *villosités* (*fig.* 31) dont l'ensemble forme un véritable velours. Chacune de ces villosités (*fig.* 32) contient des capillaires sanguins et le prolongement en doigt de gant d'un vaisseau chylifère.

§ 6. — Pancréas.

43. — Dans la région comprise entre l'estomac et la première partie de l'intestin, c'est-à-dire le duodénum, on rencontre le pancréas, glande rosée (*fig.* 33) dont la structure et la sécrétion sont analogues à celles des glandes salivaires de la bouche, ce qui la fait quelquefois désigner sous le nom de « glande salivaire abdominale ». Son canal excréteur vient se jeter dans l'in-

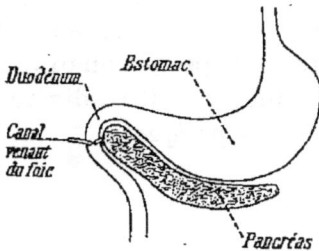

Fig. 33. — Pancréas.

testin presque au même point qu'un autre canal analogue venant du foie.

§ 7. — Foie.

44. — Le foie (*fig.* 34) est une glande très volumineuse (poids : 1 kg à 1 kg 1/2), de couleur acajou, qui se trouve dans la région droite de l'abdomen, au-dessous du diaphragme. Son

contour est vaguement quadrangulaire. Il est formé de quatre lobes disposés de
telle sorte que leur
ligne de séparation
figure assez bien un H
majuscule. Il en naît
un canal excréteur, dit
canal cystique, qui va
se réunir à un canal
analogue venant d'une
sorte de poire verdâtre,
la *vésicule biliaire* ou

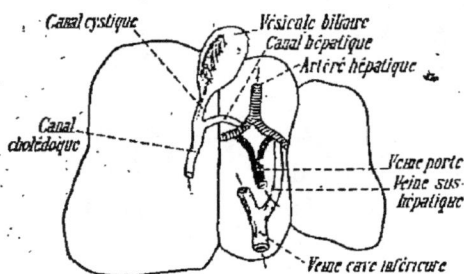

Fig. 34. — Foie, vu par sa face inférieure.

vésicule du fiel, pour former un canal unique, le *canal cholé-
doque*, qui se jette dans l'intestin, tout près du conduit
excréteur du pancréas.

45. — Le foie sécrète la bile, liquide amer qui va s'accumuler dans la vésicule du fiel, d'où il est déversé dans l'intestin au fur et à mesure des besoins de la digestion.

46. — La circulation du sang dans le foie est un peu particulière. Une grande partie du sang qu'il reçoit a, en effet,
déjà passé par l'intestin et, là, a, d'une part, perdu son oxygène
et, d'autre part, entraîné diverses substances nutritives digérées :
c'est ce que l'on appelle le *système porte hépatique*.

§ 8. — Gros intestin.

47. — L'intestin grêle n'est pas tout d'une venue avec le
gros intestin, mais s'abouche à lui perpendiculairement ou un
peu obliquement, de manière à laisser d'un côté une sorte de
calotte, qui porte le nom de *cæcum* (*fig.* 35). De ce cæcum part
un petit prolongement terminé en doigt de gant, l'*appendice
vermiculaire* (ou, plus simplement, l'*appendice*) (*fig.* 36), dont
le rôle parait être nul chez nous et dont l'inflammation, très

fréquente surtout depuis quelques années, constitue la maladie nommée *appendicite*.

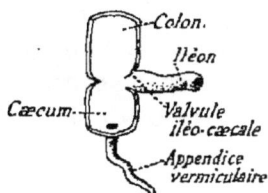

Fig. 35. — Région où l'intestin grêle (iléon) se réunit au gros intestin (colon), et où se trouvent notamment le cæcum et l'appendice.

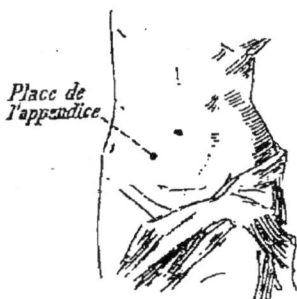

Fig. 36. — Place de l'appendice.

A l'endroit où le petit intestin débouche dans le gros intestin, il y a une valvule qui empêche les matières fécales de remonter dans le premier : c'est la *valvule iléo-cæcale*.

48. — Le gros intestin est un tube beaucoup plus large que l'intestin grêle et présentant des plis assez nombreux. Il a $1^m,5o$ de long et présente trois régions (*fig. 20*) : il se dirige en effet, d'abord en remontant d'arrière en avant, jusqu'au voisinage de l'estomac, où il devient horizontal en se dirigeant de droite à gauche ; puis il redescend verticalement.

49. — Ces trois directions successives permettent de le diviser en *colon ascendant*, *colon transverse* et *colon descendant*. La partie terminale de celui-ci est le *rectum*, qui vient s'ouvrir à l'*anus*, orifice maintenu fermé par un muscle circulaire, ou *sphincter*, qui en fait le tour.

§ 9. — Les aliments.

Les aliments, au point de vue chimique, se classent de la façon suivante :

50. — A. *Aliments minéraux.* — Exemples : l'eau, le sel.

51. — B. *Aliments hydrocarbonés*, c'est-à-dire formés de trois éléments, le carbone, l'hydrogène et l'azote (ce qui leur fait aussi donner le nom d'*aliments ternaires*). Ils comprennent :

52. — 1° les *féculents*, formés par de l'amidon (Exemples : pommes de terre, haricots, riz, blé, farine, pain) ; 2° les *sucres*, se divisant eux-mêmes en : *a*) *glucose*, sucre que l'on trouve surtout dans les fruits; *b*) *saccharose*, ou sucre de canne, qui constitue le sucre blanc, lequel provient surtout de la betterave, quelquefois de la canne à sucre.

53. — C. *Aliments gras*, constitués par l'union d'un acide gras avec la glycérine. Ce sont les graisses, le lait, le beurre, etc.

54. — D. *Aliments albuminoïdes*, constitués par quatre éléments : le carbone, l'hydrogène, l'oxygène, l'azote, ce qui leur a fait donner aussi le nom d'*aliments quaternaires* ou *azotés*. C'est parmi eux que se placent le blanc d'œuf et la viande.

§ 10. — Les boissons.

55. — A part le lait, les boissons sont rarement des aliments, sauf au point de vue de l'*eau*, qui entre pour une bonne part dans la constitution de notre organisme et qui, se perdant sans cesse par l'urine et la transpiration, a besoin d'être régénérée.

56. — **Eau pure et purification de l'eau.** — La seule et unique boisson est donc l'eau. Mais il faut que celle-ci soit *pure*, c'est-à-dire privée de microbes susceptibles de nous communiquer diverses maladies, par exemple la fièvre typhoïde. On arrive à éviter cette contamination en ne buvant que de l'*eau de source*, qui, ayant filtré au travers d'énormes masses de terrains, a bien des chances d'y avoir abandonné ses microbes.

57. — Si l'on n'a pas d'eau de source à sa disposition, on peut boire une *eau quelconque* sans aucun danger si l'on a eu soin de la *faire bouillir* au préalable pendant environ un quart d'heure et de la laisser refroidir ensuite.

58. — La plupart des microbes, en effet, sont tués par une

température de 100° prolongée pendant un quart d'heure.
L'ébullition est donc un moyen sûr de purification et que
l'on ne devrait jamais négliger.

59. — On peut aussi arriver au même résultat en filtrant

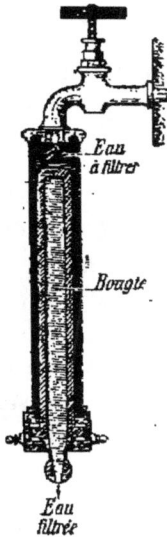

Fig. 37. — Filtre Chamberland   Fig. 38. — Filtre Chamberland
        à pression.   sans pression.

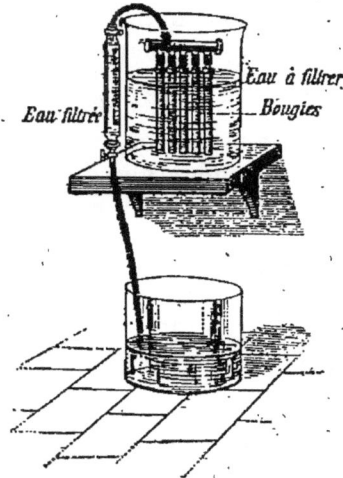

l'eau avec un filtre spécial (*fig.* 37 et 38), où le liquide traverse
une « bougie » de terre poreuse, extrêmement fine, dont les
grains retiennent les microbes. Malheureusement ce filtre, dit
« système Pasteur » ou « Chamberland », demande une
installation spéciale que tout le monde ne peut avoir.

60. — Quant aux *filtres ordinaires*, ils n'ont absolument
aucune efficacité : leurs pores sont beaucoup trop gros et
laissent passer tous les microbes de l'eau.

61. — Boissons aromatiques. — L'eau ayant par elle-
même un goût assez fade, plusieurs personnes l'*aromatisent* en
y faisant infuser du *thé.* C'est là une bonne pratique *parce
qu'elle oblige à faire bouillir* l'eau. Il ne faut pas y mettre beau-

coup de thé, car celui-ci est un excitant du système nerveux et finit par « énerver ».

62. — Il ne faut pas, pour la même raison, abuser du *café*. Tout au plus peut-on en prendre une tasse après le déjeuner. En boire toute la journée serait excessif et amènerait des troubles nerveux.

63. — **Boissons fermentées.** — Les boissons fermentées, notamment le vin, le cidre, la bière, sont adoptées par presque tout le monde.

64. — Le *vin* est obtenu avec le jus du raisin, qui est riche en eau et en sucre (glucose), et que l'on met à fermenter dans des cuves. Sous l'influence d'un Champignon, la *levure de bière* (*fig.* 39), qui s'y développe, le glucose est décomposé en *gaz carbonique* qui s'échappe et en *alcool*, tandis que diverses substances du grain de raisin se transforment en donnant au liquide son « bouquet » spécial. Le vin est donc, en résumé, une dissolution plus ou moins aromatique d'alcool dans de l'eau. Suivant la provenance, l'alcool est plus ou moins abondant.

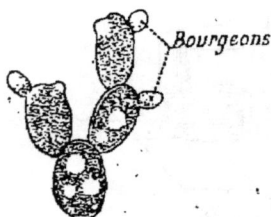

Bourgeons

Fig. 39. — Levure de bière (extrêmement grossie).

65. — Le *cidre* s'obtient de la même façon que le vin, mais en partant du jus des pommes, lequel est également riche en sucre qui se transforme aussi par la fermentation en alcool.

66. — La *bière* a une origine un peu différente. Pour l'obtenir on fait germer des grains d'orge. Sous l'influence d'une diastase qui y apparaît, l'amidon des grains est transformé en sucre (glucose). On arrête la germination en séchant les grains, on concasse ceux-ci, on les mélange avec de l'eau et on ajoute de la *levure de bière*. Sous l'influence de ce ferment, le glucose est dédoublé, comme pour le vin et le cidre, en gaz carbonique et en alcool.

67. — Que faut-il penser de ces trois boissons? En résumé, elles sont *bonnes*, à condition de ne pas en abuser, c'est-à-dire de ne *pas en absorber plus d'un verre environ à chaque repas*. Pour les enfants un demi-verre suffit, et il doit être étendu d'autant d'eau.

68. — Si l'on dépasse cette quantité approximative, si l'on va, comme cela se voit trop souvent, jusqu'à un litre par repas, on s'expose aux terribles *dangers de l'alcoolisme*, sur lesquels nous allons revenir, et qui, naturellement, sont d'autant plus à craindre que le vin que l'on boit est plus riche en alcool.

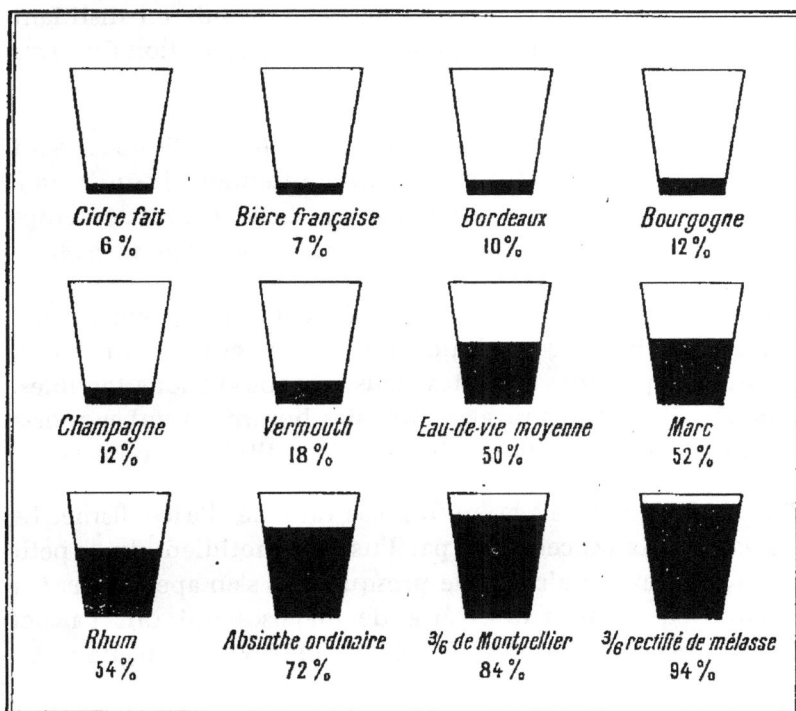

Fig. 40. — Schéma montrant la proportion d'alcool (en noir) contenu dans diverses boissons.

69. — **Boissons distillées.** — Lorsqu'on chauffe à environ 80° un liquide formé d'eau et d'alcool, ce dernier distille et on le recueille *presque pur* ou mélangé seulement d'un peu d'eau. C'est ainsi que nous obtenons les boissons distillées connues sous les noms d'*eau-de-vie*, de *rhum*, etc.

70. — On retirait autrefois l'eau-de-vie exclusivement de la distillation des boissons fermentées telles que le vin, le cidre, la bière. L'eau-de-vie de « marc » provenait de la distillation des marcs de raisin. Aujourd'hui on a encore recours aux mêmes sources, mais on tire aussi des eaux-de-vie de la betterave, des graines, des céréales, des pommes de terre ; à ces *alcools d'industrie* on ajoute divers produits chimiques, des éthers notamment, qui leur donnent un bouquet agréable.

Le rhum est obtenu en faisant fermenter, puis en distillant la *mélasse*, restant comme résidu dans la préparation du *sucre de canne*.

71. — Quelle que soit leur origine, toutes les liqueurs sont *riches en alcool* (*fig.* 40) : elles en contiennent jusqu'à 40 à 60 %, certaines vont jusqu'à 94 %. Leur usage de temps à autre est déjà mauvais. *Leur abus est un véritable suicide.*

72. — L'*alcool*, en effet, est *un poison*. Pour s'en convaincre il suffit d'en injecter quelques centimètres cubes à un lapin, il meurt en quelques minutes dans des convulsions terribles. De même, il n'est pas rare de voir des hommes tomber morts après l'ingestion d'un demi-litre ou d'un litre d'eau-de-vie.

73. — Mais ce n'est là qu'un cas rare de l'alcoolisme. Le plus dangereux est celui où, par l'usage quotidien du « petit verre », on devient alcoolique presque sans s'en apercevoir. On est alors en butte à une série de malaises qui ont l'alcool pour unique cause. Aucun de nos organes n'est épargné :

74. — Le *cœur* augmente de volume et se gorge de graisse qui en gêne le fonctionnement (*fig.* 41 et 42) ;

75. — Les *artères* deviennent dures et se déchirent facilement, causant ainsi des hémorragies quelquefois mortelles :

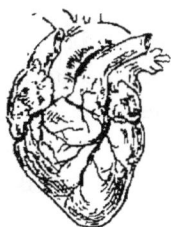

Fig. 41. — Cœur sain.

Fig. 42. — Cœur gras d'un alcoolique.

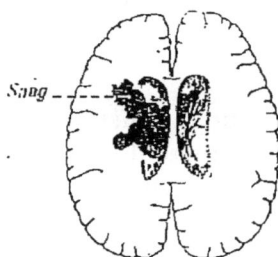

Sang

Fig. 43. — Hémorragie à l'intérieur du cerveau
d'un alcoolique.

Fig. 44. — Estomac sain.

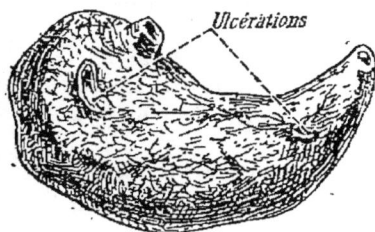

Ulcérations

Fig. 45. — Estomac d'un alcoolique.

Fig. 46. — Foie sain.

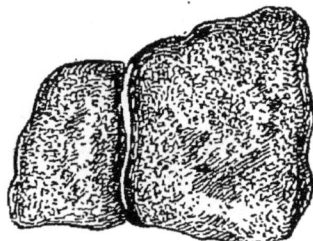

Fig. 47. — Foie d'un alcoolique.

76. — Le *cerveau* devient sujet aux hémorragies (*fig.* 43) et au ramollissement, tous deux pouvant aboutir à la paralysie. L'alcool amène de terribles crises d'épilepsie et les alcooliques meurent du *delirium tremens* pendant lequel ils se roulent sur le sol et écument d'une façon épouvantable en jetant des cris terrifiants ;

77. — A une dose moins forte, l'alcool amène l'abrutissement, la paresse et pousse au vol et à l'assassinat. Presque tous les malheureux enfermés dans les prisons sont des alcooliques ;

78. — L'alcool diminue la résistance des *poumons* et amène ainsi à la phtisie ou tuberculose pulmonaire, dont on ne réchappe jamais quand elle a une pareille origine ;

79. — La *peau* devient rouge, surtout sur le visage et à la surface du nez ;

80. — L'*estomac* (*fig.* 44 et 45) est profondément altéré, ulcéré et ne peut plus digérer que difficilement des aliments ;

81. — Le *foie* (*fig.* 46 et 47) devient volumineux, gras et ne peut plus remplir son rôle, ce qui donne lieu à la jaunisse, à l'enflure du ventre et à des hémorragies ;

82. — Les *reins* fonctionnent mal, ce qui conduit à l'*albuminurie*, maladie dont on ne réchappe guère et qui, en tout cas, rend presque impotent pendant plusieurs années.

83. — Tous ces malaises, qui deviennent peu à peu de véritables maladies, rendent l'existence insupportable à l'alcoolique et à sa famille.

84. — L'alcoolisme offre un danger encore plus pénible que ceux que nous venons d'énumérer. C'est que *les enfants se ressentent de l'alcoolisme de leurs parents*. Les uns sont idiots, les autres épileptiques. Beaucoup sont sujets aux convulsions, sont nerveux, ont de mauvais instincts, et sont enclins à la phtisie : ils ont une vie misérable et meurent finalement, les pauvres petits, victimes des fautes qu'ils n'ont pas commises.

85. — **Boissons alcooliques à essences.** — Sous le nom trompeur d'*apéritifs*, on vend des liqueurs dont on devrait interdire la vente comme on le fait pour les poisons. Ce sont des mélanges d'alcool et d'essences diverses tirées de plantes aromatiques : on leur donne les noms d'*absinthe*, de *vermouth*, d'*amer*, de *byrrh*, etc.; et certaines personnes en prennent avant le repas sous le fallacieux prétexte qu'ils servent à « ouvrir l'appétit ». Or, en réalité, ces apéritifs sont de *doubles poisons*, car ils le sont, non seulement par l'alcool qu'ils renferment en abondance, mais aussi par les essences qui les aromatisent.

86. — Ces essences sont peut-être dix fois plus toxiques que l'alcool lui-même et en aggravent les dangers.

87. — Pour se rendre compte des dangers des apéritifs, il faut se reporter à ce que nous avons dit des méfaits de l'alcool, mais en les augmentant encore dans des *proportions énormes*.

§ 11. — Physiologie de la digestion.

88. — Les aliments, portés dans la bouche (*préhension*), sont coupés par les incisives, déchirés par les canines, triturés par les molaires.

89. — Cette *mastication*, due exclusivement aux mouvements de la mâchoire inférieure, seule mobile, a pour but de réduire les aliments en une pulpe plus ou moins fluide (*bol alimentaire*), afin de faciliter l'action ultérieure des sucs digestifs sur eux.

90. — En même temps, ils se mélangent de salive, ce qui facilite leur trituration. De plus, la salive contient de la *diastase salivaire* qui agit sur une partie des matières féculentes et les transforme en un sucre, le *glucose*.

91. — Lorsque les aliments sont bien triturés dans la bouche on les avale, c'est-à-dire qu'on procède à leur *déglutition*, en les faisant passer de la bouche dans l'œsophage par l'isthme du gosier. Cet acte mécanique doit éviter l'introduction au passage, des aliments dans les *fosses nasales*, qui aboutissent à la partie supérieure du pharynx, et dans la *trachée-artère*, qui s'ouvre à la partie inférieure du même organe (*fig.* 48).

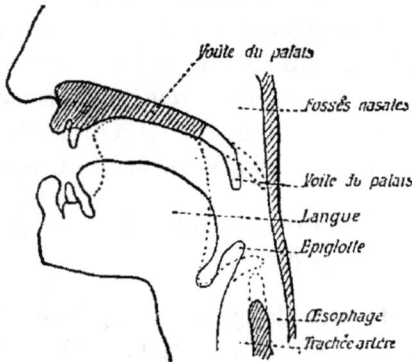

Voile du palais

...Fosses nasales

...Voile du palais

...Langue

...Epiglotte

...Œsophage

...Trachée artère

Fig. 48. — La bouche au moment de la déglutition (le pointillé indique la position des organes pendant la déglutition).

92. — Cela se produit naturellement par l'action des aliments eux-mêmes, qui refoulent vers le haut le *voile du palais*, lequel oblitère ainsi les fosses nasales, et vers le bas une autre sorte de clapet, *l'épiglotte*, qui bouche l'entrée de la *trachée-artère* ; celle-ci, d'ailleurs, se soulève en même temps pour faciliter cette occlusion, ainsi qu'il est facile de le constater en avalant sa salive et en mettant la main sur le cou : on sent alors la *pomme d'Adam*, c'est-à-dire le renflement supérieur de la trachée, soulevé vers le haut.

93. — Il arrive quelquefois en mangeant, lorsqu'on cause ou qu'on rit, que l'on « avale de travers » : cela est dû à ce que la déglutition s'est mal opérée et qu'une partie des aliments a failli pénétrer dans la trachée-artère, ce qui provoque la toux.

94. — Arrivés dans l'œsophage, les aliments y cheminent par suite de mouvements involontaires, de *contractions* dites *péristaltiques*, qui commencent à la partie supérieure et se propagent, progressivement, comme une onde, jusqu'à la partie inférieure. Les aliments sont ainsi « poussés », petit à petit dans l'estomac.

95. — Là, ils sont malaxés dans tous les sens par les contractions de la poche stomacale et abondamment mélangés de *suc gastrique*. Celui-ci a une réaction légèrement acide et contient une diastase très importante, la *pepsine*, qui transforme les substances albuminoïdes ingérées en d'autres substances également albuminoïdes, les *peptones*. Ces dernières sont *assimilables*, c'est-à-dire susceptibles de traverser l'intestin et de servir à la nutrition de nos tissus.

96. — Au sortir de l'estomac, les aliments sont donc déjà en partie digérés; ils constituent une sorte de bouillie appelée le *chyme*.

97. — Celui-ci passe dans le duodénum, où il reçoit le *suc pancréatique*, lequel agit de deux façons sur le chyme : *a*) par une de ses diastases analogue à la diastase salivaire, il transforme les féculents en glucose; *b*) par une autre de ses diastases, la *trypsine* (qui agit en milieu alcalin, contrairement à la pepsine qui agit en milieu acide), il achève la transformation des matières albuminoïdes en peptones.

98. — Presque au même endroit, le chyme se mélange de *bile* dont le rôle n'est pas bien connu, mais qui semble agir sur les *graisses* en les *émulsionnant*, c'est-à-dire en les réduisant en d'infimes petites gouttelettes.

99. — Dans le reste de l'intestin, les aliments cheminent sous l'action de *mouvements péristaltiques* analogues à ceux de l'œsophage, se mélangent de *suc intestinal* qui transforme le *saccharose* (sucre non directement assimilable) en *glucose* (sucre directement assimilable). A ce moment, toutes les matières ingérées sont *digérées* et susceptibles d'être *absorbées*.

100. — En résumé, les matières féculentes sont digérées par la salive et le suc pancréatique; les matières albuminoïdes par le suc gastrique et le suc pancréatique ; les matières grasses par la bile ; les matières sucrées par le suc intestinal.

Quant aux matières minérales, elles semblent absorbées directement, sans modifications.

101. — L'absorption des aliments digérés se fait dans l'intestin grêle au niveau des *villosités*. Là, les matières rendues assimilables traversent la couche des cellules (épithélium) qui les recouvrent et suivent dès lors deux voies :

102. — Les unes, les peptones et le glucose surtout, pénètrent dans les capillaires sanguins des villosités et sont entraînées par le sang ;

103. — Les autres, les graisses notamment, pénètrent dans le vaisseau chylifère que contient aussi chaque villosité.

104. — Tous les petits vaisseaux chylifères (*fig.* 49) se réunissent à la surface du mésentère en formant des vaisseaux de plus en plus gros et de nombreux ganglions, pour aboutir finalement dans une cavité conique, la *citerne de Pecquet*.

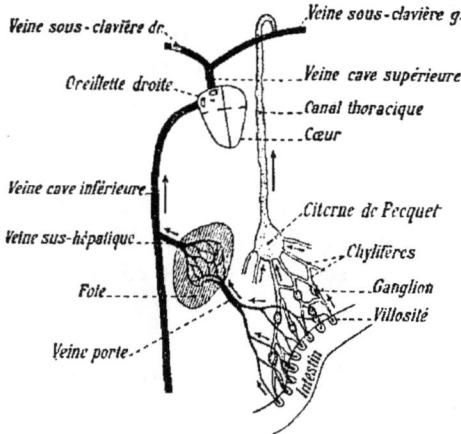

Veine sous-clavière dr.
Oreillette droite
Veine cave inférieure
Veine sus-hépatique
Foie
Veine porte
Veine sous-clavière g.
Veine cave supérieure
Canal thoracique
Cœur
Citerne de Pecquet
Chylifères
Ganglion
Villosité
Intestin

Fig. 49. — Schéma de l'absorption intestinale.

105. — De là, le liquide blanchâtre qui y est contenu passe dans un canal vertical, le *canal thoracique*, qui remonte jusque dans la région du cou et là se jette dans la *veine sous-clavière gauche*. Les substances digérées sont donc, cette fois encore, ramenées dans le torrent sanguin.

106. — Nous avons dit plus haut qu'une partie des substances digérées passe directement dans le sang. Il faut rappeler à ce propos que celui-ci, avant de rentrer dans la circulation générale, passe par le foie. Là, il y subit une véritable épuration, qui aboutit à la formation de la bile, laquelle n'est pas seulement un liquide digestif, mais aussi une matière d'excrétion[1].

107. — En même temps, le sang, dans le foie, est un peu modifié, amélioré, par suite du *glucose* qu'y fabriquent les cellules du foie et qui provient d'une autre matière de réserve que contiennent ces cellules, le *glycogène* (*fig.* 50).

Fig. 50. — Cellule du foie (considérablement grossie).

108. — Le foie apparaît ainsi non seulement comme un organe épurateur, mais aussi comme un organe de réserve qui *règle* la quantité de glucose nécessaire au bon fonctionnement de notre organisme ; lorsqu'il est mal portant, le glucose devient trop abondant et on est *diabétique*.

109. — Lorsque les aliments quittent l'intestin grêle, ils ont abandonné aux villosités toutes leurs parties assimilables. Il ne reste plus que les parties non susceptibles d'être assimilées et qui s'accumulent dans le gros intestin, où elles constituent les *matières fécales*. L'acte par lequel elles sont rejetées au dehors est la *défécation*. Lorsque les matières fécales restent trop longtemps dans le gros intestin (constipation), les microbes qui y pullulent y provoquent l'apparition de matières très dangereuses, des *toxines*, qui sont absorbées et causent de nombreux malaises.

§ 12. — Hygiène de la digestion.

110. — Se laver les dents à de nombreuses reprises pour éviter leur attaque par les microbes, ce qui produirait la *carie* et les maux de dents qui en sont la conséquence.

---

1. Si l'écoulement de la bile se fait mal, elle se répand dans le sang et le visage devient jaune : c'est la maladie de la *jaunisse*.

111. — Mâcher les aliments avec soin pour les rendre plus facilement attaquables par les sucs digestifs.

112. — Manger modérément, quoique copieusement (surtout en hiver). Régler soi-même son alimentation de manière à n'avoir jamais l'estomac « lourd ».

113. — Ne manger que des aliments facilement digestibles[1].

114. — Avoir une alimentation variée.

115. — Ne pas abuser des condiments.

116. — Ne pas faire des exercices violents (par exemple une longue course à bicyclette) tout de suite après les repas, ce qui trouble le travail de la digestion. Un exercice léger, par exemple une courte promenade, le favorise au contraire.

117. — Éviter avec le plus grand soin de prendre un bain moins de trois heures après le repas (ce qui produirait une *congestion* mortelle).

118. — Éviter l'emploi de corset qui comprime trop l'estomac.

---

1. On a une assez bonne idée de la facile digestion des aliments en considérant le temps qu'il faut pour qu'ils disparaissent de l'estomac. En voici un exemple :

Riz .	1^h
Tapioca .	1^h 30
Truite et saumon .	1^h 45
Lait bouilli. Œufs crus .	2^h
Lait non bouilli. Œufs frits .	2^h 15
Volailles bouillies .	2^h 30
Bœuf bouilli .	2^h 45
Œufs mollets. Bœuf grillé .	3^h
Lait. Bœuf rôti. Fromage .	3^h 30
Volailles rôties. Graisse de mouton .	4^h 30
Graisse de bœuf .	5^h 30

Les fruits et les légumes se digèrent plus facilement que les viandes.

Pour les enfants, jusqu'à un an ou un an et demi, il n'y a pas de meilleur aliment que le lait maternel.

119. — Eviter l'emploi : 1° de viandes avariées, contaminées par les parasites (la trichine, par exemple) ; 2° des champignons que l'on ne connaît pas suffisamment et dont beaucoup sont des poisons ; 3° des conserves d'une fraîcheur douteuse.

120. — La meilleure boisson est l'eau préalablement bouillie (c'est-à-dire dont on a tué les microbes) puis refroidie, ou filtrée par les bougies de porcelaine (système Chamberland).

121. — User modérément du vin, de la bière, du cidre, du thé, du café. Rejeter presque complètement toute liqueur fortement alcoolique (rhum, cognac, etc.) et encore plus, s'il est possible, les liquides appelés faussement apéritifs (absinthe, vermouth, amer, etc.) qui exposent aux *terribles dangers de l'alcoolisme*.

122. — Vivre le plus possible au grand air.

§ 13. — L'appareil digestif dans la série animale.

123. — **Mammifères.** — Les dents sont très variables d'un groupe à l'autre. Chez les *Singes*, elles sont à peu près disposées comme les nôtres.

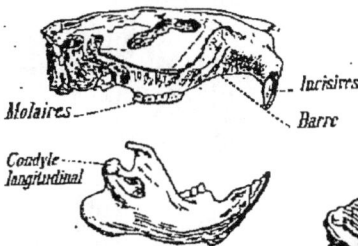

Fig. 51. — Crâne d'un Rongeur.

124. — Chez les *Insectivores*, les molaires sont hérissées de petites pointes.

125. — Chez les *Rongeurs* (*fig.* 51), il y a, à

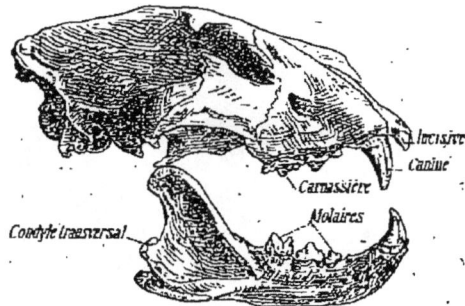

Fig. 52. — Crâne d'un Carnivore.

chaque mâchoire, deux incisives taillées en biseau et à crois-

sance continue, mais s'usant au fur et à mesure. Il n'y a
pas de canines et les molaires sont en forme de râpe.

126. — Chez les *Carnivores* (*fig.* 52), les incisives sont petites
et les canines puissantes. Les molaires sont tranchantes.

127. — Chez les *Ruminants*, il n'y a pas d'incisives à la
mâchoire supérieure, tandis que celles de la mâchoire inférieure sont en
forme de pelles.
Il n'y a pas de
canines. Les mo-
laires sont en
forme de meules
avec des lignes
d'émail le long
des surfaces en
contact.

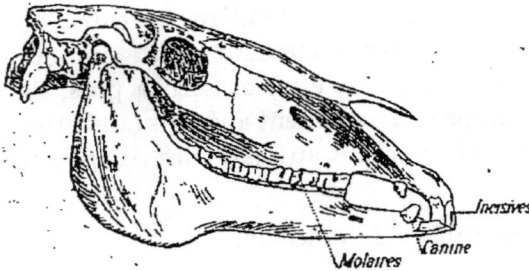

Fig. 53. — Crâne de Cheval.

128. — Chez les *Solipèdes* (Cheval)
(*fig.* 53), il y a six incisives, généralement pas de canines (ce qui permet de
placer un mors) et douze molaires plus
ou moins aplaties (*fig.* 54). C'est par le
degré d'usure de toutes ces dents que
les maquignons apprécient l'âge des
chevaux.

129. — Chez les *Proboscidiens*, l'Élé-

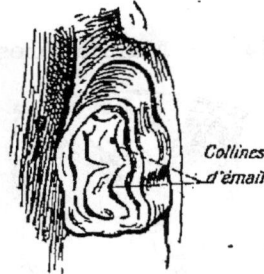

Fig. 54. — Une molaire
de Cheval.

phant par exemple,
ce sont les deux
incisives supérieures
qui, sortant de la
bouche, constituent
les *défenses*.

Chez les *Baleines*,

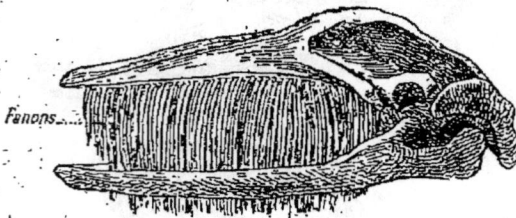

Fig. 55. — Tête de Baleine.

il n'y a pas de dents ; elles sont remplacées par des productions cornées appelées *fanons* (*fig.* 55).

130. — Le tube digestif ne varie pas beaucoup chez les Mammifères. Sa principale modification se rencontre chez les Ruminants où l'estomac, au lieu d'être simple, est *composé*,

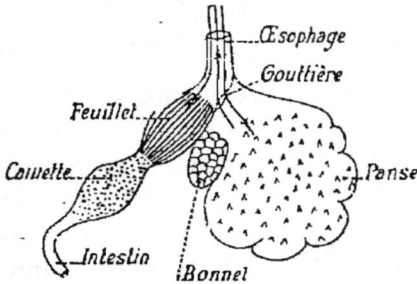

Fig. 56. — Estomac d'un Ruminant.

c'est-à-dire formé de quatre poches (*fig.* 56) : la *panse*, le *bonnet*, le *feuillet* et la *caillette*. Les trois premières poches de cet estomac jouent plutôt le rôle de réservoir ; seule, la caillette est l'estomac où s'opère la digestion, car c'est là que se trouve le suc digérant les matières albuminoïdes ; chez le jeune Veau, on désigne ce liquide sous le nom de *présure*. Les Ruminants avalent beaucoup de nourriture, des herbes, et l'accumulent dans leur estomac, la panse notamment. Puis, lorsqu'ils sont au repos, de petites masses de nourriture *remontent dans la bouche* où elles sont *mastiquées à nouveau* (c'est ce que l'on appelle *ruminer*) avant de redescendre dans la caillette où elles sont digérées chimiquement.

131. — **Oiseaux.** — Les Oiseaux n'ont pas de dents, mais seulement un bec corné.

132. — Leur tube digestif (*fig.* 57) présente un *jabot* où s'accumulent les aliments,

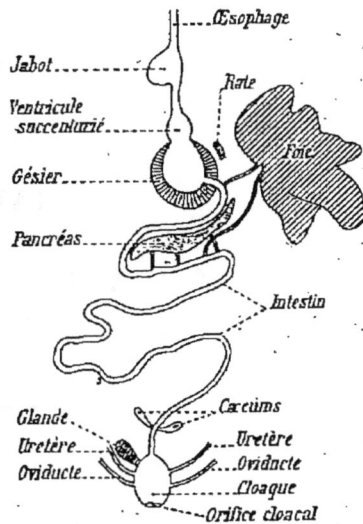

Fig. 57. — Schéma de l'ensemble du tube digestif d'un Oiseau.

un estomac appelé *ventricule succenturié*, un *gésier*, très musculeux, qui broie les aliments et un intestin où viennent déboucher deux cæcums. L'extrémité de l'intestin porte le nom

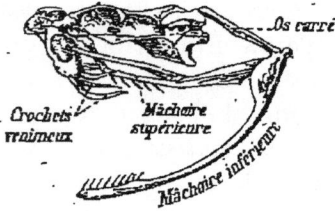

Fig. 58. — Crâne d'un Serpent venimeux.

de *cloaque*, car c'est aussi là qu'aboutissent les conduits urinaires (*uretères*) et les *oviductes*, canaux par où passent les œufs.

133. — **Reptiles.** — Sauf les Tortues, les Reptiles ont des dents. Chez les Reptiles venimeux (*fig*. 58), les dents de devant sont recourbées en *crochet* et déversent, dans la plaie qu'elles font, les produits d'une glande à venin.

134. — **Poissons.** — Chez les Poissons, il y a souvent des dents, non seulement sur les mâchoires, mais encore sur différents os du palais et du gosier.

CHAPITRE III

L'APPAREIL CIRCULATOIRE ET LA CIRCULATION

---

135. — La *circulation* est le phénomène par lequel un liquide, appelé *sang*, parcourt sans cesse l'intérieur de notre corps, en circulant dans des canaux appelés *vaisseaux*.

136. — L'ensemble des organes et cavités que suit le sang dans ce mouvement constitue l'*appareil circulatoire*.

§ 1. — Appareil circulatoire.

137. — On peut distinguer dans l'appareil circulatoire :
1° le *cœur*; 2° les *artères*; 3° les *veines*; 4° les *capillaires*.

138. — **Cœur.** — Le cœur (*fig.* 59) est situé dans la poitrine,
entre les deux poumons; c'est une masse charnue, à peu près

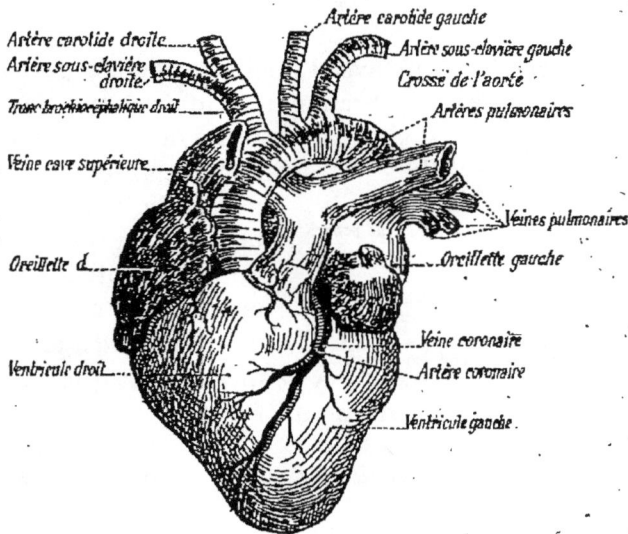

Fig. 59. — Cœur.

de la grosseur du poing; sa forme générale est celle d'un cône
dont la base serait en haut et le sommet, la pointe, tourné en
bas et un peu *à gauche* (ce qui fait que l'on perçoit surtout
les battements du cœur de ce côté).

139. — Il contient quatre cavités : deux *ventricules* (du côté
de la pointe), très charnus, et deux *oreillettes* (du côté de la
base), de consistance plus molle. Chaque ventricule communique avec l'oreillette du même côté par un orifice dit *auriculo-ventriculaire*; mais ni le ventricule, ni l'oreillette d'un

côté ne communiquent avec le ventricule ou l'oreillètte *du côté opposé.*

140. — Il y a donc en réalité *deux cœurs* accolés, l'un à droite, l'autre à gauche.

141. — Le *ventricule gauche* est le plus puissant, ce dont on se rend compte en voyant l'épaisseur de ses parois et ce qui s'explique en remarquant que c'est lui qui doit envoyer le sang dans presque *toutes les parties du corps.*

142. — Il communique avec l'oreillette gauche par un orifice muni de deux membranes ressemblant un peu à des

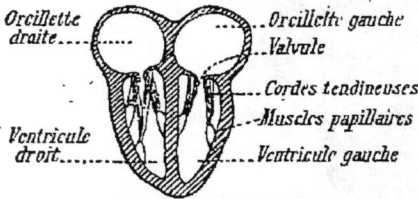

Orcillette droite....
Orcillette gauche
..Valvule
...-Cordes tendineuses
..-Muscles papillaires
Ventricule droit....
...Ventricule gauche

Fig. 60. — Cœur coupé en long.

voiles de navire, et, comme elles, tendues par des cordages (*fig.* 60) venant s'attacher à la paroi interne du ventricule : ces deux membranes constituent la *valvule mitrale*, ainsi nommée parce que sa forme générale est un peu celle d'une mitre.

143. — Le *ventricule droit* (*fig.* 61) est moins puissant et moins épais que le ventricule gauche, parce qu'il n'a à envoyer le sang que dans les poumons situés dans son voisinage.

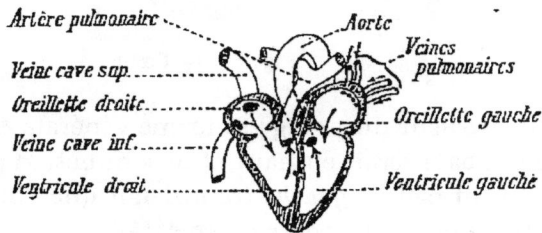

Artère pulmonaire..
Veine cave sup....
Orcillette droite...
Veine cave inf....
Ventricule droit...
Aorte
Veines pulmonaires
Orcillette gauche
Ventricule gauche

Fig. 61. — Cœur coupé en long, avec les gros vaisseaux qui en partent.

144. — Il communique avec l'oreillette droite par un orifice muni de valvules analogues à celles de l'orifice auriculo-ventriculaire gauche, mais ici au nombre de *trois* : leur ensemble constitue la *valvule tricuspide.*

145. — Le cœur est enveloppé d'une double membrane appelée *péricarde.*

146. — **Artères.** — Les *artères* sont les vaisseaux qui conduisent le sang *loin du cœur.*

147. — Ce sont des canaux à parois *très élastiques*, lisses à l'intérieur, et que l'on reconnaît à ce que, lorsqu'on les coupe en travers, elles restent *béantes* (*fig.* 62) et laissent échapper le sang *par saccades.*

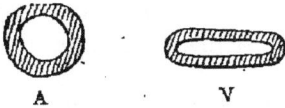

Fig. 62. — Section transversale d'une artère (A) et d'une veine (V).

148. — Du ventricule gauche part une puissante artère, l'*aorte,* qui se recourbe vers le bas *en crosse d'évêque* (*fig.* 61), et descend alors non loin de la colonne vertébrale en émettant de nombreuses branches qui se ramifient à leur tour dans toutes les parties du corps. Les branches qui pénètrent dans la tête portent le nom de *carotides ;* elles passent d'abord par le cou.

L'aorte et ses branches contiennent du sang artériel (V. **160**).

149. — A l'endroit où l'aorte quitte le ventricule gauche, on remarque à l'intérieur trois petits replis en forme de goussets (ou de nids de pigeons), qui l'obstruent presque entièrement : leur ensemble constitue les *valvules sygmoïdes.*

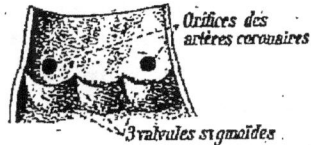

Orifices des artères coronaires

3 valvules sygmoïdes

Fig. 63. — Aorte ouverte à sa base, pour montrer les valvules sygmoïdes.

150. — Du ventricule droit part l'*artère pulmonaire,* qui se divise bientôt en deux branches dont chacune va se ramifier dans un poumon.

Cette artère contient du sang veineux (V. **160**).

151. — **Veines.** — Les *veines* sont des vaisseaux qui *ramènent* le sang au cœur.

152. — Ce sont des canaux à parois *molles* et que l'on reconnaît à ce que, lorsqu'on les coupe en travers, elles *s'affaissent* (*fig.* 62) et laissent couler le sang sans que le jet présente aucune saccade.

153. — A l'intérieur des veines, il y a de nombreuses valvules (*fig.* 64) en forme de goussets qui s'étagent tout le long de leur trajet et dont la concavité est tournée *vers le cœur*.

154. — A l'oreillette gauche aboutissent les *quatre veines pulmonaires*, qui renferment du sang artériel, lequel revient des poumons.

155. — A l'oreillette droite aboutissent les *deux veines caves*, qui renferment du sang veineux, lequel revient de toutes les parties du corps.

Fig. 64. — Veine ouverte en long pour montrer les valvules intérieures.

156. — Tandis que les artères sont presque toujours profondes, c'est-à-dire situées dans la profondeur des tissus, les veines sont, les unes *profondes*, les autres *superficielles*. Ces dernières sont bien visibles sous la peau où elles apparaissent en *bleu* [1].

157. — Capillaires. — Les capillaires sont de très fins vaisseaux, visibles seulement au microscope ; ils font communiquer (*fig.* 65) les ramifications des artères avec les dernières ramifications des veines, ce qui permet au sang de passer des unes aux autres.

Fig. 65. — Schéma des capillaires.

158. — Les capillaires sont, pour ainsi dire, en contact avec tous les tissus, dans n'importe quelle région du corps : chacun sait qu'il est presque impossible de se piquer en un point

---

[1] Les veines trop dilatées constituent les *varices*, si fréquentes sur les jambes. Elles risquent sans cesse de s'ouvrir d'elles-mêmes si on ne les maintient pas avec un bas élastique spécial.

quelconque sans voir sortir le sang de la blessure, c'est-à-dire sans perforer les capillaires.

159. — Les capillaires renferment dans une partie de leur trajet du sang artériel, et dans l'autre du sang veineux : c'est à leur niveau précisément que celui-là se change en celui-ci.

§ 2. — Sang.

160. — Le sang est un liquide rouge vermeil quand il est artériel, et rouge très foncé, presque noir, quand il est veineux : dans le langage courant, on dit *sang rouge* pour *sang artériel*, *sang noir* pour *sang veineux*.

161. — Vu au microscope, il se montre constitué par un liquide, le *plasma*, dans lequel flottent de très nombreux *globules sanguins*, lesquels sont de deux sortes :

162. — Les *globules rouges* (ou hématies) sont les plus abondants et se présentent sous la forme de petits disques (diamètre : environ 7 millièmes de millimètre) arrondis (*fig.* 66), légèrement biconcaves sur leurs deux faces et ayant une tendance à s'empiler les uns sur les autres. Ils sont colorés en rouge par l'*hémoglobine* ; chez les Batraciens, ils sont ovales et biconvexes (*fig.* 67) [1].

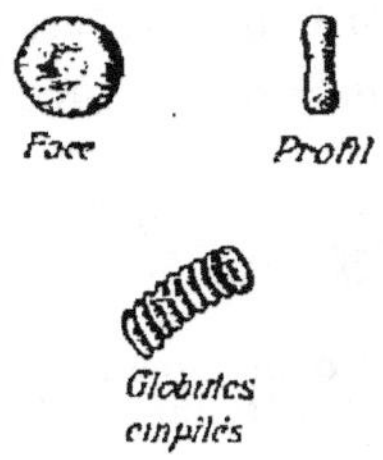

Face   *Profil*

Globules empilés

Fig. 66. — Globules rouges de l'homme.

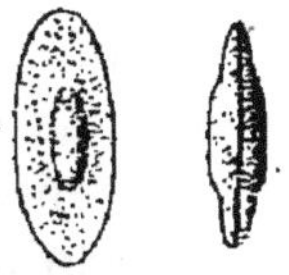

Fig. 67. — Globules rouges des Batraciens.

163. — Les *globules blancs* ou *leucocytes*, assez peu nombreux (environ 1 globule blanc pour 1000 globules rouges), appa-

---

1. On n'est pas fixé sur l'endroit où se forment les globules rouges. On pense que leur lieu principal de formation est la *rate*, glande rouge, pesant environ 200 grammes, qui se trouve dans l'abdomen, à gauche de l'estomac. La rate est une glande *close*, c'est-à-dire n'ayant aucun canal excréteur ; elle est parcourue par de très nombreux vaisseaux sanguins.

raissent sous la forme de masses framboisées, de couleur blanche ou grisâtre. Lorsqu'on les examine pendant quelque temps, on voit apparaître à leur surface des prolongements ou *pseudopodes* qui, en s'allongeant et en se rétractant, permettent aux globules de se déplacer en rampant (*fig.* 68).

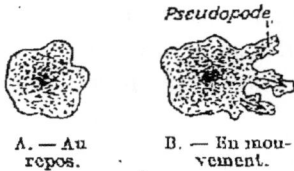

Pseudopode

A. — Au repos.

B. — En mouvement.

Fig. 68. — Un globule blanc.

164. — Grâce aussi à leurs pseudopodes, les globules blancs peuvent s'insinuer entre les cellules des capillaires et, ainsi, sortir et rentrer à volonté dans l'appareil circulatoire. Sortis des vaisseaux, ils se répandent dans le corps et s'y déplacent sans cesse. Sous cette forme migratrice, on leur donne plus spécialement le nom de *phagocytes*.

165. — Quand ils rencontrent un microbe (*fig.* 69), ils viennent en contact avec lui à l'aide d'un pseudopode, puis le font pénétrer petit à petit dans leur corps où ils le font disparaître en le digérant. C'est le phénomène de la *phagocytose*, grâce auquel nous sommes peu à peu débarrassés des microbes qui tentent sans cesse de nous envahir. Mais si les microbes pathogènes

Fig. 69. — Globule blanc mangeant une bactérie (microbe en bâtonnet).

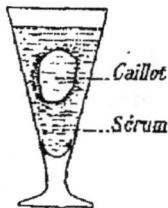

sont par trop nombreux et si, pour cause de mauvaise hygiène, nos phagocytes ne sont pas bien vigoureux, les microbes reprennent le dessus dans cette lutte et *nous tombons malades*.

..Caillot

..Sérum

Fig. 70. — Sang coagulé.

166. — Lorsque, à l'aide d'un petit balai, on bat fortement du sang extrait depuis peu d'un animal, on voit s'attacher aux brindilles de longs filaments gélatineux, la *fibrine*, tandis que, dans le récipient, restent les globules nageant dans un liquide, le *sérum*. Le plasma est donc formé de deux parties : *a)* la fibrine, *b)* le sérum.

167. — Si on abandonne du sang à l'air (*fig.* 70), il ne tarde pas à se prendre en gelée, *à se coaguler*. Mais bientôt cette masse se contracte et expulse le liquide dans lequel elle nage en formant le *caillot*[1]. Le caillot est constitué par la fibrine enserrant les globules dans ses mailles. Le liquide est du sérum.

168. — En résumé, voici quelle est la constitution du sang :

$$\text{Sang.} \begin{cases} \text{Globules} \ldots \ldots \\ \text{Plasma.} \begin{cases} \text{Fibrine.} \\ \text{Sérum.} \end{cases} \end{cases} \begin{cases} \text{Caillot.} \end{cases}$$

§ 3. — Physiologie de la circulation.

169. — Le phénomène intime de la circulation du sang se résume en ceci : grâce à la circulation du sang, celui-ci est amené à passer par le poumon. Là, il abandonne le gaz carbonique dont il s'est chargé dans les tissus et, par contre, absorbe de l'oxygène, lequel se fixe sur l'hémoglobine. Dans le poumon, le *sang veineux devient donc artériel*. Ce sang artériel passe alors par le cœur et est envoyé dans tout le corps ; au niveau des capillaires, il se produit alors un phénomène contraire à celui que nous venons de décrire, puisque le *sang artériel y devient veineux* : autrement dit, le sang abandonne aux tissus l'oxygène dont était chargée son hémoglobine, et, par contre, *absorbe le gaz carbonique* provenant de leur respiration propre. Puis le sang revient se « vivifier » dans le poumon, et ainsi de suite.

170. — En somme, le sang a pour but : 1° de prendre l'oxygène de l'air enfermé dans les poumons et d'aller le porter aux tissus ; 2° de prendre le gaz carbonique à ces derniers et d'aller l'évacuer dans les poumons.

NOTA : Nous avons déjà vu (nᵒˢ **102, 105**) qu'il sert aussi à transporter les produits utiles de la digestion.

---

1. Lorsqu'il se forme accidentellement des caillots dans l'appareil circulatoire, ces masses interrompent la circulation et produisent ce qu'on appelle des *embolies*, presque toujours mortelles.

171. — L'absorption d'oxygène et le rejet du gaz carbonique par les tissus est une véritable *combustion* qui produit de la chaleur : c'est là l'origine de la *chaleur animale*. Chez l'homme, la température du corps est d'environ 36° ; dans la *fièvre*, elle peut monter à 40°.

172. — Le mouvement du sang est provoqué par les contractions du cœur, lequel se resserre (*systole*) et se relâche (*diastole*) alternativement.

173. — Les « battements », au nombre d'environ 70 par minute, sont facilement perceptibles en plaçant la main sur la poitrine, un peu à gauche.

174. — Ils sont *rythmés*, c'est-à-dire s'effectuent à intervalles réguliers.

175. — On peut aussi les « entendre » en plaçant l'oreille au même point, c'est-à-dire en « auscultant » ; on perçoit alors des *bruits* successifs dans lesquels on distingue toutes les phases du phénomène.

176. — Pour comprendre les divers phénomènes de la circulation, nous allons suivre le sang à partir de l'oreillette gauche.

177. — L'oreillette gauche, qui renferme du sang artériel, se contracte et envoie le sang dans le ventricule gauche.

178. — Le ventricule gauche se contracte et envoie le sang dans l'aorte.

179. — Le sang ne peut refluer dans l'oreillette gauche à cause de la valvule *mitrale* qui en oblitère alors l'orifice de communication.

180. — Le sang pénètre dans l'aorte, mais ne peut revenir dans le ventricule par suite de la présence des *valvules sigmoïdes* qui, en se tendant sous l'influence du liquide, viennent en contact l'une avec l'autre.

181. — De l'aorte, le sang se répand dans les artères qui, grâce à leur élasticité, en régularisent la progression.

182. — Au niveau du poignet existe une artère qui, étant appliquée contre un des os de l'avant-bras, permet au doigt qui la touche d'en percevoir les *battements* : c'est le phénomène du *pouls*, grâce auquel les médecins savent rapidement quel est le nombre des battements du cœur, puisque ceux du pouls sont en nombre correspondant. Il existe d'ailleurs des appareils spéciaux appelés *sphygmographes* (*fig. 71*) qui, appliqués au poignet, « inscrivent » d'eux-mêmes les battements du pouls.

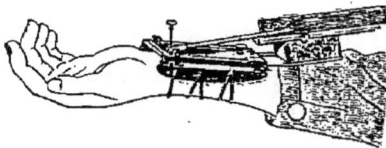

Fig. 71.— Appareil (sphygmographe) servant à enregistrer les mouvements du pouls.

183. — Le sang arrive dans les capillaires où, par suite de la respiration des tissus que ceux-ci traversent, il subit l'*hématose*, c'est-à-dire qu'il perd son oxygène et se charge de gaz carbonique.

184. — Le sang, devenu veineux, passe dans les veines où il progresse petit à petit grâce à la poussée de celui qui arrive des capillaires. La présence des *valvules veineuses* (voir *fig. 64*) l'empêche de retourner vers ceux-ci et l'aide à cheminer peu à peu vers le cœur.

185. — Arrivé au cœur, le sang veineux pénètre dans l'oreillette droite par les veines caves.

186. — L'oreillette droite se contracte et envoie le sang dans le ventricule droit.

187. — Ce ventricule se contracte [1] et envoie le sang dans

---

1. Le ventricule droit se contracte en même temps que le ventricule gauche.

l'artère pulmonaire. Il ne peut refluer dans l'oreillette droite à cause de la présence de la *valvule tricuspide*.

188. — Le sang arrive dans les capillaires des poumons, où, de veineux, il devient artériel, c'est-à-dire qu'il perd son gaz carbonique et se charge d'oxygène.

189. — Le sang artériel passe dans les veines pulmonaires et, de là, revient à l'oreillette gauche, où la même série de phénomènes recommence.

190. — On voit, en résumé, qu'il y a, comme l'on dit quelquefois, *deux circulations* (*fig.* 72).

191. — La *petite circulation* part du ventricule droit, irrigue les poumons et vient à l'oreillette gauche.

192. — La *grande circulation* part du ventricule gauche, irrigue tous les tissus et vient à l'oreillette droite.

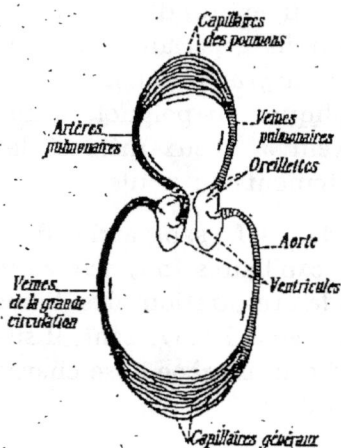

Fig. 72. — Schéma d'ensemble de la circulation du sang.

§ 4. — Système lymphatique.

193. — En outre des vaisseaux sanguins, on trouve dans le corps d'autres *vaisseaux*, dits *lymphatiques*, qui, en raison de leur couleur blanche, sont difficilement visibles. Ils ont un trajet très compliqué et ne présentent jamais un grand diamètre. A l'intérieur de ces vaisseaux il y a des valvules (*fig.* 73) analogues à celles des veines. En de nombreuses places, les lymphatiques se jettent dans des masses appelées *ganglions* (*fig.* 74), très répandus par tout notre corps et

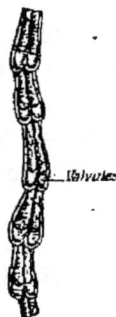

Fig. 73. — Vaisseau lymphatique ouvert.

qui, s'enflammant (c'est-à-dire grossissant) avec une grande facilité, se transforment alors souvent en *abcès*.

194. — Les lymphatiques renferment un liquide blanc qui y circule lentement et qui est formé de sérum et de globules blancs : il n'y a pas de globules rouges.

195. — Au niveau du mésentère et de l'intestin, les lymphatiques portent le nom de *chylifères :* nous en avons parlé plus haut (104). Là, leur rôle absorbant est bien connu ; ailleurs il est moins net.

Fig. 74. — Vaisseaux et ganglions lymphatiques du bras.

§ 5. — Hygiène de la circulation du sang.

196. — Une alimentation exagérée et surtout l'alcoolisme altèrent le cœur (voir *fig.* 42) et ne lui permettent plus de se contracter normalement.

197. — Il faut éviter les exercices violents, par exemple les longues courses comme en font ceux qui se livrent aux sports, parce qu'ils *forcent* le cœur, c'est-à-dire le font trop travailler et le fatiguent. — Ne jamais boire glacé quand on a chaud.

198. — Les personnes atteintes d'*anévrismes*, c'est-à-dire de dilatations partielles des artères (*fig.* 75), doivent éviter encore plus les exercices violents et les fortes émotions, qui pourraient faire crever ces poches, d'où une mort presque instantanée.

Fig. 75. — Anévrismes d'une petite artère.

199. — Éviter de rester trop longtemps debout, ce qui

amène des *varices* (*fig.* 76) aux jambes (voir note 1, page 39).

200. — Les exercices modérés sont de la plus grande utilité pour entretenir la *souplesse* des artères. Chez ceux qui ont une vie trop sédentaire et font trop bonne chère, les artères perdent leur élasticité et *deviennent cassantes*, ce qui amène des *ruptures* des petits vaisseaux. Lorsque ces ruptures s'opèrent dans le cerveau (*hémorragies cérébrales*) (voir *fig.* 43), elles amènent soit la mort brusque, soit des paralysies.

Fig. 76. — Veines atteintes de varices.

201. — Lorsque, à la suite d'un accident, un vaisseau vient à être coupé, il faut se rendre compte tout de suite s'il s'agit d'une artère ou d'une veine ; on le reconnaît, comme nous l'avons dit, à ce que dans le premier cas le sang sort par jets, tandis que dans le second il se contente de couler. Il faut alors, en attendant le médecin, presser fortement le vaisseau avec les doigts ou un linge, en serrant le bout qui est le plus près du cœur s'il s'agit d'une artère, et le plus loin s'il s'agit d'une veine (*fig.* 77).

Si la perte de sang est faible, on peut l'arrêter en recouvrant la plaie d'un morceau d'amadou ou, au besoin, d'un simple linge.

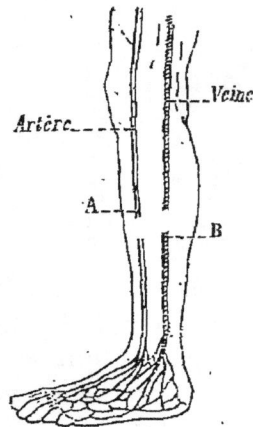

Fig. 77. — Points à comprimer quand une artère (A) ou une veine (B) est blessée.

§ 6. — L'appareil circulatoire dans la série animale.

202. — L'appareil circulatoire des **Mammifères** est le même que celui de l'homme. La plupart évitent la déperdition de leur chaleur par une fourrure bien fournie (Ours) ou par une couche de graisse épaisse située sous la peau (Phoque, Baleine).

203. — Les **Oiseaux** ont à peu près le même appareil circulatoire que les Mammifères, mais leur température est généralement très élevée, 40° environ.

204. — Les **Reptiles**, les **Batraciens**, les **Poissons** et les **Invertébrés** sont des animaux à *sang froid*, parce que leur circulation est peu active ; il est plus exact de dire qu'ils sont à *température variable*, parce que leur température varie avec la température ambiante, mais cependant ne lui est jamais rigoureusement égale.

205. — Les **Reptiles** et les **Batraciens** ont un cœur à trois cavités (*fig.* 78) : deux oreillettes et un ventricule.

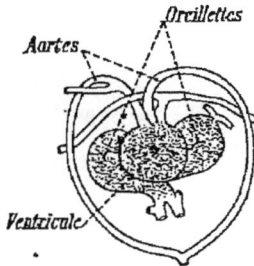

Fig. 78. — Cœur d'un Reptile, avec les gros vaisseaux qui en partent.

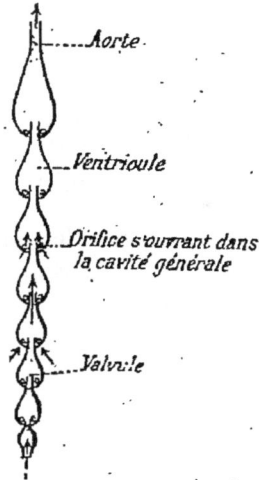

Fig. 79. — Cœurs d'un Insecte.

206. — Les **Poissons** ont un cœur à deux cavités : une oreillette et un ventricule.

207. — Les **Insectes** ont, au voisinage du dos, une série de petits cœurs percés d'orifices situés en ligne longitudinale (*fig.* 79) ; mais les vaisseaux n'y existent pour ainsi dire pas.

208. — Chez la plupart des autres **Invertébrés** la circulation se fait d'une manière très incomplète.

CHAPITRE IV

L'APPAREIL RESPIRATOIRE ET LA RESPIRATION

---

209. — La *respiration* est le phénomène par lequel nous absorbons l'oxygène de l'air et nous rejetons dans l'atmosphère du gaz carbonique.

210. — L'ensemble des organes qui servent à ce phénomène porte le nom d'*appareil respiratoire*. Il comprend deux parties principales : *a)* les *voies respiratoires* ; *b)* les *poumons*.

§ 1. — Voies respiratoires.

211. — Nous pouvons respirer à volonté par la bouche et par le nez, mais c'est plutôt ce dernier qui est la voie normale de la pénétration de l'air. Les cavités du nez, c'est-à-dire les *fosses nasales*, s'ouvrent à la partie postérieure dans l'arrière-bouche (voir *fig.* 80) où aboutit aussi le reste des voies respiratoires, c'est-à-dire la *trachée-artère* (on dit aussi plus simplement la *trachée*).

212. — Ce conduit débute à la partie supérieure par une région un peu élargie en forme de cornet en partie cartilagineux : c'est le *larynx*, grâce auquel nous pouvons articuler des sons.

213. — Le larynx est soutenu par des cartilages (*cartilage thyroïde*[1], *cartilage cricoïde, cartilages aryténoïdes*) et présente à l'intérieur deux paires de plis, les *cordes vocales*, qui vibrent et produisent un son sous l'influence de l'air expiré par les poumons. La *voix* ainsi émise dépend de la vitesse de l'air expiré, de la tension des cordes vocales, de la position de la langue et des lèvres.

214. — L'ouverture par laquelle le larynx s'ouvre dans l'arrière-gorge est la *glotte*, laquelle est comme protégée par un repli, l'*épiglotte*, dont nous avons vu plus haut le rôle dans la déglutition.

215. — A la suite du larynx vient la *trachée-artère* proprement dite, qui descend dans le cou et arrive dans la poitrine. C'est un gros conduit portant dans toute sa longueur des anneaux cartilagineux qui le maintiennent béant. Ces anneaux ne font pas tout le tour de la trachée : ils sont interrompus en arrière et remplacés, à ce niveau, par du tissu élastique.

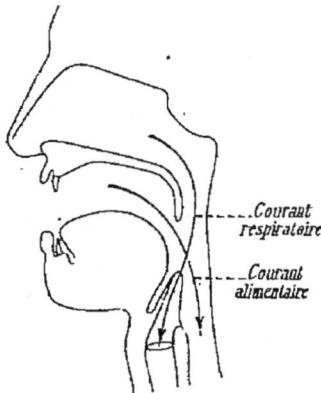

Courant respiratoire

Courant alimentaire

Fig. 80. — Schéma montrant que le chemin suivi par l'air dans la respiration croise celui que parcourent les aliments dans la déglutition.

216. — A sa partie inférieure, la trachée se divise en deux autres conduits, les *bronches*, dont la structure est la même, et qui pénètrent chacune dans le poumon correspondant en un point appelé le *hile*, lequel n'est pas

[1]. C'est ce cartilage qui fait un peu saillie au niveau du cou et que l'on désigne sous le nom de *Pomme d'Adam*.

situé au sommet, mais à la face interne de chaque masse pulmonaire.

217. — On peut remarquer que le chemin suivi par l'air pour entrer dans les poumons (nez, arrière-gorge, trachée) *se croise* (*fig.* 80) avec celui que suivent les aliments pour entrer dans l'estomac (bouche, arrière-gorge, œsophage).

§ 2. — Poumons.

218. — Les poumons sont au nombre de deux (*fig.* 81) et situés dans la poitrine (cage thoracique) l'un à droite (le plus volumineux), l'autre à gauche, avec, dans leur intervalle, le cœur.

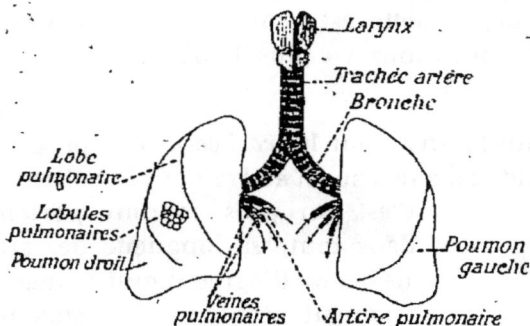

Fig. 81. — La trachée-artère et les poumons.

219. — Ce sont des masses molles, de consistance spongieuse et de couleur rosée. Celui de gauche est divisé par un pli oblique en *deux lobes*; celui de droite est divisé par deux plis également obliques en *trois lobes*.

220. — En outre, on voit à la surface des poumons un réseau de lignes qui limitent de petits espaces polygonaux. Chacun de ceux-ci correspond à un *lobule pulmonaire*.

221. — Chaque bronche pénètre dans le poumon et s'y divise en de nombreux canaux plus petits [1], lesquels se rami-

---

1. L'inflammation des bronches constitue la *bronchite*.

fient à leur tour un grand nombre de fois, pour former finalement de très fins tubes appelés *bronchioles* (*fig.* 82).

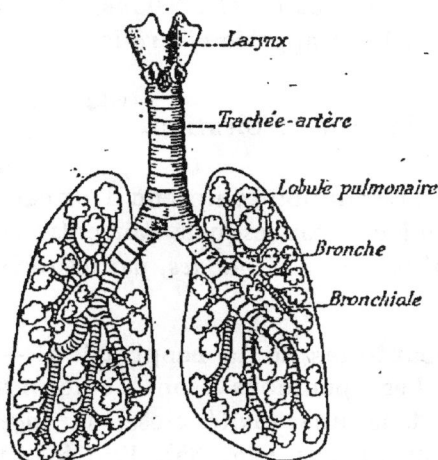

Fig. 82. — Ramification des bronches.

222. — Chaque bronchiole se jette enfin dans une cavité : le *lobule pulmonaire*, formé lui-même de cavités secondaires, les *vésicules pulmonaires*.

223. — C'est l'ensemble des ramifications des bronches, des bronchioles et des vésicules pulmonaires qui constitue la masse des poumons.

224. — L'espace compris entre les vésicules pulmonaires est rempli par du tissu élastique, parcouru de nombreux vaisseaux capillaires [1] (*fig.* 83) qui, vu la minceur de l'épi-

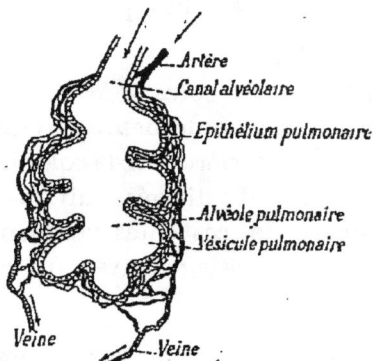

Fig. 83. — Rapport des vaisseaux sanguins avec le lobule pulmonaire.

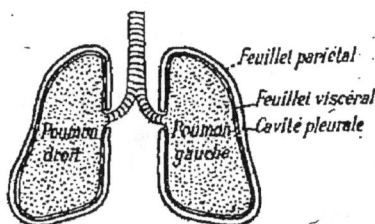

Fig. 84. — La plèvre.

thélium qui tapisse les vésicules pulmonaires, sont pour ainsi dire en contact direct avec l'air remplissant celles-ci.

225. — Chaque poumon est enveloppé par une double mem-

---

1. Ce qu'on exprime souvent en disant qu'il est « richement vascularisé ».

brane, la *plèvre* (*fig.* 84). Entre les deux *feuillets* de celle-ci
se trouve une petite quantité de *liquide pleurétique*, lequel
augmente beaucoup dans la maladie appelée *pleurésie*.

§ 3. — Physiologie de la respiration.

226. — La physiologie de la respiration comprend deux parties : *a*) des *phénomènes mécaniques*, par lesquels l'air entre et
sort des poumons ; *b*) des *phénomènes chimiques*, par lesquels
cet air est modifié.

227. — **Phénomènes mécaniques de la respiration.** —
Les poumons sont enfermés
dans une cavité close, la *cage
thoracique* (*fig.* 85), limitée en
haut par le cou, en arrière par
la colonne vertébrale, sur les
côtés par les *côtes*, en avant par
le *sternum*, en bas par le *diaphragme*.

228. — Les côtes sont des os
plats, en forme de demi-cercles,
articulés en arrière avec la colonne
vertébrale et dirigés un peu

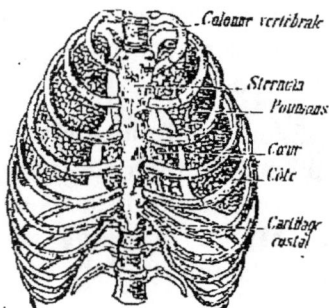

Fig. 85. — La cage thoracique.

obliquement vers le bas. La plupart de ces côtes viennent
s'unir en avant, par l'intermédiaire de cartilages, avec un os
plat, le *sternum*.

229. — Quant au *diaphragme*, qui complète en bas la cage
thoracique, c'est une lame musculaire s'attachant sur tout le
pourtour de celle-là et bombée vers le haut.

230. — On sait que lorsque nous respirons, notre poitrine
ou cage thoracique subit des mouvements alternatifs. Lorsqu'elle se dilate, l'air pénètre dans les poumons : c'est l'*inspiration*. Lorsqu'elle revient à l'état de repos (c'est-à-dire semble
se contracter), l'air en sort : c'est l'*expiration*.

231. — Ces mouvements sont dus aux côtes et au diaphragme.

232. — Dans l'inspiration, par suite de la contraction de certains muscles, les côtes sont soulevées (*fig.* 86) : d'obliques elles deviennent horizontales, ce qui agrandit le diamètre de la poitrine qui va d'arrière en avant (*diamètre antéro-postérieur*). En même temps, elles pivotent un peu sur elles-mêmes de manière à agrandir le diamètre qui va d'un côté à l'autre de la poitrine (*diamètre transversal*).

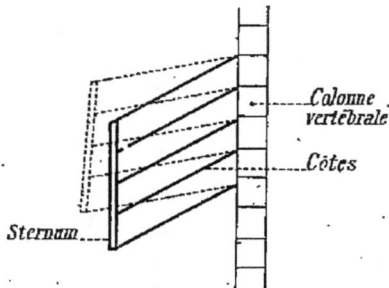

Colonne vertébrale

Côtes

Sternum

Fig. 86. — Schéma montrant comment les côtes, en se relevant, peuvent agrandir le diamètre antéro-postérieur de la cage thoracique.

233. — Simultanément le diaphragme se contracte : de bombé, il devient plan, ce qui agrandit le *diamètre vertical* de la cage thoracique (*fig.* 87) ; les intestins refoulés font alors grossir un peu l'abdomen, ainsi qu'il est facile de s'en rendre compte sur soi-même.

234. — Par les mouvements des côtes et du diaphragme, le volume de la cage thoracique est donc augmenté. Il se produit entre la cage thoracique et les poumons une *tendance au vide*, qui ne s'effectue pas parce que les poumons sont en

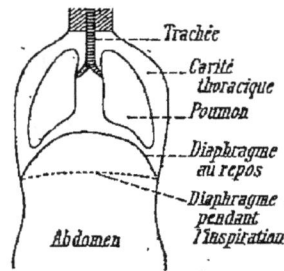

Trachée

Cavité thoracique

Poumon

Diaphragme au repos

Diaphragme pendant l'inspiration

Abdomen

Fig. 87. — Schéma montrant comment le diaphragme, en se contractant, peut agrandir le diamètre vertical de la cage thoracique.

relation, par la trachée, avec l'air extérieur. La cage thoracique, en s'agrandissant, entraîne en quelque sorte avec elle les poumons, qui *se dilatent* en même temps que l'air extérieur y est *aspiré*.

235. — On peut imiter ce phénomène en suspendant des poumons de Tortue, ou des vessies les imitant, dans une cloche limitée à la partie inférieure par une lame de caoutchouc et ne communiquant avec l'extérieur que par la trachée, ou un tube spécial.

En tirant sur la lame de caoutchouc (ce qui imite l'agrandissement de la cage), on voit les poumons se dilater, c'est-à-dire se remplir d'air, qui y pénètre par la trachée.

236. — Dans l'expiration, les côtes reviennent à l'état normal, c'est-à-dire reprennent leur direction oblique vers le bas, en même temps que le diaphragme, se relâchant, redevient bombé. De ce double fait, la cage thoracique *diminue de volume* et l'air contenu dans les poumons est repoussé au dehors par la trachée puis les fosses nasales.

237. — Nous pratiquons environ 15 inspirations par minute et, naturellement, autant d'expirations. A chaque inspiration, un demi-litre d'air pénètre dans le poumon. En 24 heures, cela fait donc 10 800 litres d'air qui passent dans notre appareil respiratoire. A chaque expiration une partie de l'air reste dans le poumon : c'est l'*air résiduel*, auquel vient se mélanger, à chaque inspiration, l'air extérieur.

238. — Tout le monde ne respire pas de la même façon. Les uns inspirent à la fois par les mouvements des côtes et du diaphragme ; les autres par les côtes seulement ; d'autres enfin presque exclusivement par le diaphragme ou par les côtes supérieures. Ce dernier cas est très fréquent chez les femmes dont le corset gêne le mouvement des côtes inférieures.

239. — La *toux* est un mouvement d'*expiration brusque*, provoqué soit par une maladie des bronches ou du reste du poumon, soit par l'introduction de corps étrangers et irritants dans la trachée-artère.

240. — **Phénomènes chimiques de la respiration.** — Si, à l'aide d'un tube, on souffle de l'air expiré par nos poumons dans une solution d'*eau de chaux* (*fig.* 88), celle-ci se trouble par suite de la formation de *carbonate de chaux*, substance presque insoluble. Cette simple expérience montre que, dans les poumons, l'air extérieur se charge de gaz carbonique.

Fig. 88. — En envoyant l'air expiré dans de l'eau de chaux, celle-ci se trouble.

241. — Une analyse chimique plus exacte montre, d'autre part, qu'il y a en même temps perte d'oxygène : tandis qu'il y en a 21 % dans l'air inspiré, il n'y en a plus que 16 % dans l'air expiré.

242. — C'est qu'en effet, dans les vésicules pulmonaires, l'air étant presque en contact avec les capillaires (*fig.* 89) qui les tapissent et par suite avec le sang que ceux-ci contiennent, perd une partie de son oxygène qui va se fixer sur l'hémoglobine des globules sanguins (voir n° **169**), tandis qu'il se charge du gaz carbonique rejeté par le même sang : c'est là le phénomène intime de la respiration.

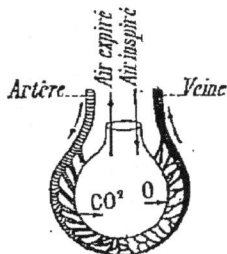

Fig. 89. — Schéma des phénomènes chimiques de la respiration.

243. — En même temps qu'il rejette du gaz carbonique, l'air expiré entraîne aussi de la *vapeur d'eau* : c'est le phénomène de la *transpiration pulmonaire*. Il est facile de le constater en projetant l'haleine sur une glace, laquelle se recouvre instantanément de buée, c'est-à-dire de vapeur d'eau condensée en fines gouttelettes.

Quant aux *poussières* absorbées dans l'inspiration, elles sont collées à leur passage dans le larynx et la trachée par le *mucus* qui en mouille les parois. Puis, peu à peu, ce mucus est ramené à la gorge (où il est avalé) par l'action des *cils vibratiles* dont est garni l'épithélium du larynx.

§ 4. — Asphyxie.

244. — La respiration est peut-être le phénomène le plus général de la vie, aussi bien chez les plantes que chez les animaux. Pour vivre, il faut que nous absorbions sans cesse de l'oxygène. Dès que celui-ci nous manque ou quand la respiration ne peut se faire, nous mourons *asphyxiés*. Si l'on met un oiseau sous une cloche (*fig.* 90), il y meurt rapidement, de même que s'éteint une bougie, parce que tout l'oxygène enfermé dans cet espace clos est rapidement utilisé.

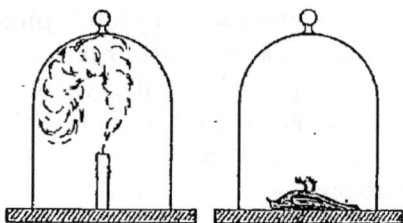

Fig. 90. — Dans une atmosphère close, une bougie s'éteint et un animal meurt.

245. — Quand on reste trop longtemps sous l'eau, on ne tarde pas à être asphyxié par manque d'air. (Voir nº 257 le traitement à faire subir aux noyés pour les ramener à la vie.)

246. — Dans les pièces *mal ventilées*, on risque d'être asphyxié de la même façon, non seulement par manque d'oxygène, mais aussi par l'ingestion du gaz carbonique qui s'y accumule et qui nous empoisonne lentement.

247. — Le danger est encore plus grand lorsqu'on se trouve dans une chambre mal ventilée où est allumé un poêle « tirant mal », c'est-à-dire dégageant de *l'oxyde de carbone*. Celui-ci est un poison terrible qui provoque des *vertiges*, fait *perdre connaissance* et *tue* rapidement : il agit en se combinant avec l'hémoglobine de nos globules rouges et en les rendant incapables d'absorber ensuite de l'oxygène. Cette asphyxie par l'oxyde de carbone est très dangereuse, même quand on en réchappe, ce qui est fort rare ; elle cause, en tout cas, de nombreux désordres dans notre organisme et une anémie fort lente à guérir.

§ 5. — Hygiène de la respiration.

248. — L'air est un aliment — le plus précieux de tous peut-être — qui fournit à notre corps l'oxygène dont il a largement besoin. Il faut se mettre dans des conditions où l'on puisse l'absorber en aussi grande quantité que possible et aussi pur qu'on peut le désirer. L'idéal est donc de vivre à la campagne.

249. — Habiter des pièces très grandes et largement ventilées.

250. — Ne vivre qu'avec un nombre restreint de personnes dans une même pièce, pour que chacune ait largement de l'air à respirer.

251. — Faire des exercices nombreux, quoique modérés,

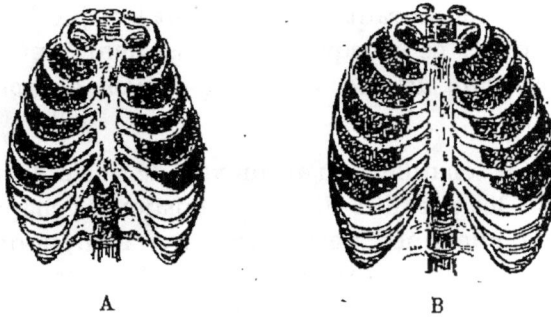

A · B

Fig. 91. — Cage thoracique :
A, d'une personne qui ne fait pas d'exercice ;
B, d'une personne qui en fait.

pour développer la poitrine et les muscles de celle-ci et faciliter ainsi les mouvements respiratoires (*fig.* 91).

252. — Éviter de se trouver, surtout dans des pièces mal aérées, avec des personnes atteintes de la *tuberculose*, maladie si fréquente, et qui se transmet surtout par les crachats de ces malades. Ces crachats renferment des microbes (*fig.* 91) qui, en se desséchant, se répandent dans l'air, d'où ils pénètrent dans nos poumons, pouvant nous rendre ainsi *phtisiques*.

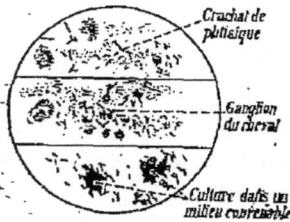

Fig. 92. — Trois préparations microscopiques du microbe de la tuberculose.

253. — Entretenir sa maison très proprement pour éviter d'absorber des poussières, lesquelles renferment très fréquemment des microbes de la tuberculose.

254. — Avoir une très bonne hygiène et éviter tout ce qui peut affaiblir l'organisme, les excès de toute sorte, l'alcoolisme notamment : *un corps sain a beaucoup plus de chance de résister à l'infection qu'un corps affaibli*. Ceci est vrai, non seulement pour la tuberculose, mais pour toutes les maladies.

255. — Eviter les courants d'air, surtout lorsque le corps est en transpiration ; ce brusque refroidissement amènerait le *rhume*, la *bronchite*, la *pneumonie*, la *fluxion de poitrine*, la *pleurésie*, etc.

256. — Ne se chauffer qu'au moyen de poêles tirant bien, c'est-à-dire où les produits de la combustion s'échappent largement par la cheminée. Ceci pour éviter l'empoisonnement par le gaz carbonique et surtout par l'oxyde de carbone.

257. — Si l'on parvient à sauver une personne qui vient de se noyer, et qui, ne pouvant respirer sous l'eau, a été asphyxiée, on peut tenter de la ramener à la vie en pratiquant sur elle la *respiration artificielle* (*fig.* 93). Pour cela, on se place en arrière de la tête du noyé, couché sur le dos, on saisit la partie supérieure des bras et on élève ceux-ci des deux côtés de la tête. Après deux secondes de repos, on ramène les bras le long du corps, puis on les attire à nouveau vers le haut, et ainsi de suite, jusqu'à ce que le malade commence à respirer de lui-même.

258. — Ce retour à la vie sera grandement favorisé par les

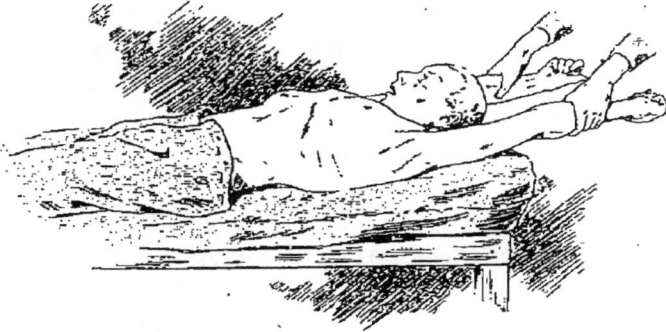

Fig. 93. — Respiration artificielle pratiquée sur une personne ayant subi un commencement d'asphyxie.

tractions rythmées de la langue. « On saisit solidement la langue entre le pouce et l'index avec un linge quelconque et on exerce sur elle, de 15 à 20 fois par minute, de fortes tractions réitérées, successives et rythmées, suivies de relâchement, en imitant les mouvements rythmés de la respiration elle-même. On introduit de plus, au début des tractions, l'index de l'autre main, au fond de l'arrière-gorge, de façon à aider à la provocation du vomissement, afin de dégager autant que possible l'estomac de l'eau qui s'y trouve. Lorsqu'on commence à sentir une certaine résistance de la langue, c'est que la fonction respiratoire se rétablit. Si au moment de saisir la langue, les mâchoires étaient contractées, on introduirait entre les dents un bouchon, une canne ou un objet quelconque ». (Galtier-Boissière.) Ces tractions rythmées doivent être continuées pendant une heure environ ; mais, souvent, la vie revient au bout de quelques minutes si le noyé n'est pas resté plus de 8 minutes dans l'eau.

259. — Ne « fumer » — et encore sans abus — que lorsqu'on est adulte, parce qu'on est alors plus résistant aux dangers des vapeurs de tabac qui pénètrent dans les poumons.

Tant qu'on est jeune, il faut absolument s'abstenir de fumer ;

cette pratique amènerait une diminution de l'appétit, de la constipation, une mauvaise digestion, de l'énervement, des maux de cœur, des palpitations de cœur, des troubles de la vue et diminuerait sensiblement la croissance.

§ 6. — L'appareil respiratoire dans la série animale.

260. — Les **Mammifères** ont le même appareil respiratoire que l'homme. Ceux qui vivent dans l'eau (Baleine, Phoque) viennent de temps à autre respirer l'air à la surface.

261. — Chez les **Oiseaux**, il y a aussi deux poumons. Ceux-ci sont en rapport avec des *sacs aériens* (*fig.* 94) qui s'insinuent entre tous les organes et facilitent le vol. Ces sacs sont encore en rapport avec des cavités remplies d'air qui se trouvent à l'intérieur des os. Ces os creux sont appelés *pneumatiques*.

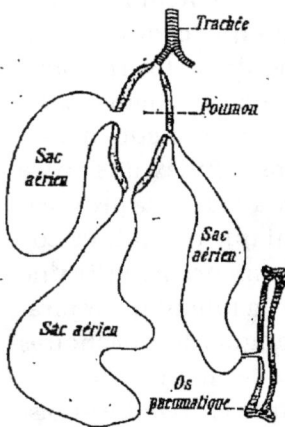

Fig. 94. — Schéma d'un poumon d'Oiseau, avec les sacs aériens qui en partent et qui communiquent avec l'intérieur des os.

262. — Chez les **Reptiles**, les poumons sont de constitution très simple (*fig.* 95).

263. — Les **Batraciens** vivent dans l'eau quand ils sont jeunes, c'est-à-dire quand ils sont à l'état de *têtards*, et dans l'air quand ils

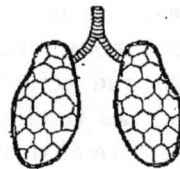

Fig. 95. — Poumons de Lézard.

sont adultes. Ils ont donc deux modes successifs de respiration, d'abord aquatique, puis aérienne. La respiration aquatique s'effectue par des *branchies* se trouvant des deux côtés du cou.

264. — Une branchie (*fig.* 96) est un simple prolongement du corps, renfermant de nombreux capillaires sanguins revêtus d'une peau extrêmement fine. Grâce à cette minceur, l'oxygène peut passer par *osmose* au travers et aller se fixer sur

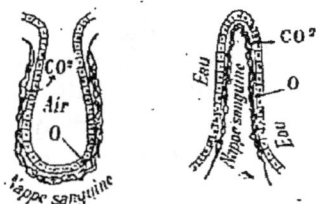

A. — Poumon.   B. — Branchie.

Fig. 96. — Schémas comparés d'un poumon et d'une branchie.

le sang, tandis que le gaz carbonique fait l'inverse, c'est-à-dire quitte le sang pour aller se dissoudre dans l'eau ambiante.

265. — A mesure que les têtards grandissent, les branchies (*fig.* 97) disparaissent, s'atrophient, tandis que les poumons se développent.

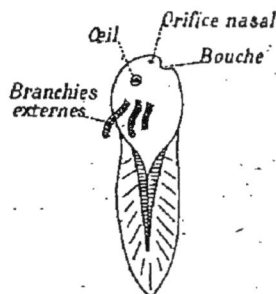

Fig. 97. — Têtard avec ses branchies externes.

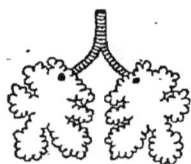

Fig. 98. — Poumons de Grenouille.

266. — Les Batraciens adultes ne respirent plus que par les poumons (*fig.* 98) : ils vivent encore dans l'eau, mais viennent souvent respirer l'air à la surface.

267. — Les **Poissons** n'ont pas de respiration aérienne. Ils vivent constamment dans l'eau et respirent à l'aide de branchies (*fig.* 99) qui se

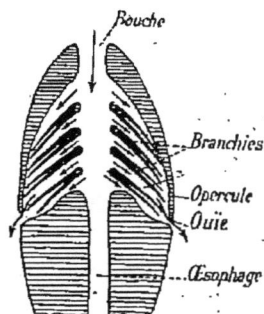

Fig. 99. — Coupe théorique de la tête d'un Poisson, pour montrer l'emplacement des branchies.

trouvent de chaque côté du cou (on les appelle des « ouïes » dans le langage courant), généralement cachées par une sorte de volets ou *opercules*.

268. — Les Crustacés respirent, comme les Poissons, par des branchies, mais celles-ci sont plutôt une dépendance des pattes.

269. — Les Insectes respirent par des *trachées*, c'est-à-dire des canaux très ramifiés, maintenus ouverts par un fil spiral (*fig.* 100) qui les parcourt d'un bout à l'autre, et qui prennent naissance sur la peau de l'animal par des boutonnières appelées *stigmates*. Ces trachées se divisent un très grand nombre de fois et les plus petites branches viennent en contact avec tous les tissus, pour leur permettre de respirer.

Épaississement chitineux disposé en spirale

Fig. 100. — Fragment d'une trachée d'Insecte.

270. — Les Mollusques respirent les uns dans l'air par un poumon (Escargot), les autres (les plus nombreux) dans l'eau à l'aide de branchies (Huître).

271. — Un certain nombre d'Invertébrés (Anémones de mer) n'ont pas d'appareil respiratoire localisé et respirent simplement par la peau.

CHAPITRE V

L'EXCRÉTION

272. — *L'excrétion* est le phénomène par lequel le sang est purifié des éléments nuisibles qu'il contient et qui proviennent des déchets de la nutrition des tissus. Ces éléments nuisibles sont surtout l'urée et l'acide urique, qui sont évacués avec l'*urine* et, en moins grande quantité, par la *sueur*.

L'urine est excrétée par les *reins*, la sueur par les *glandes sudoripares*.

§ 1. — Reins.

273. — Les reins [1] sont au nombre de deux (*fig.* 101). Ils sont situés dans l'abdomen, presque appliqués contre la colonne vertébrale. Leur couleur est acajou lie-de-vin et leur forme, celle d'un haricot, c'est-à-dire qu'ils ont chacun un côté convexe et un côté concave [2]. C'est dans cette partie concave, en un point appelé *hile*, qu'aboutissent les vaisseaux sanguins (veines et artères) et que part un conduit appelé *uretère*.

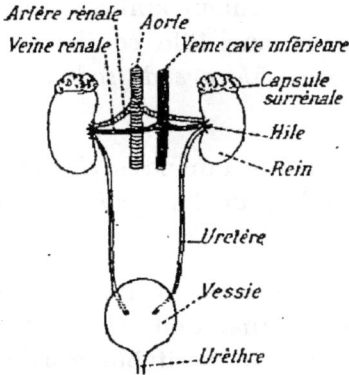

Fig. 101. — Schéma d'ensemble de l'appareil excréteur.

274. — Les deux uretères se jettent dans une cavité très extensible, la *vessie*, qui communique avec l'extérieur par l'*urèthre*.

275. — En coupant un rein en long (*fig.* 102) on voit qu'il est formé d'une masse charnue et d'une sorte de petit réservoir, le *bassinet*, lequel se continue avec l'uretère.

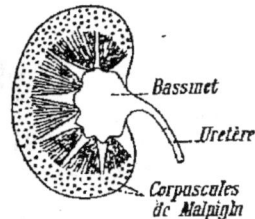

276. — Dans la masse charnue corticale, on distingue au microscope de petits paquets de capillaires, appelés *corpuscules de Malpighi*. C'est à ce niveau que le sang laisse filtrer au travers des

Fig. 102. — Un rein coupé en long.

---

1. Chez les animaux de boucherie, on les appelle des *rognons*.
Chez l'homme, on désigne aussi sous le nom de *reins* toute la région dorsale du corps où se trouvent les véritables reins.
2. Les reins sont surmontés de petites glandes, les *capsules surrénales* (*fig.* 101), dont les fonctions sont inconnues.

parois des capillaires, *l'urine* dont il est chargé. Cette urine suit alors de petits conduits et arrive dans le bassinet. De là elle passe par les uretères et finalement vient s'accumuler dans la vessie, qui se distend peu à peu. Lorsque la vessie est au maximum de plénitude, le besoin d'uriner se fait sentir et l'urine est rejetée au dehors.

277. — L'urine est un liquide clair, de couleur ambrée, dont on rejette environ un litre et demi par jour. Elle contient de l'eau, de l'*urée*, de l'*acide urique*, du *chlorure de sodium* et divers *sels minéraux*.

278. — Dans de nombreux états maladifs, l'urine est altérée : elle contient du *sucre* dans le *diabète*, de l'*albumine* dans l'*albuminurie*.

279. — Lorsque les sels minéraux deviennent trop abondants, ils ne sont plus solubles dans l'urine. Celle-ci devient alors trouble et peut même contenir du véritable gravier (*gravelle*) ou même des « calculs » volumineux et très durs.

280. — Si ces sels minéraux, au lieu d'être rejetés dans l'urine, sont accumulés dans les articulations des membres, ils causent la maladie si douloureuse appelée *goutte*.

§ 2. — Glandes sudoripares.

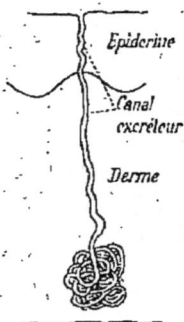

Fig. 103. — Glande sudoripare.

281. — Les glandes sudoripares sont de très petites glandes, visibles seulement au microscope, qui se trouvent dans la peau et viennent s'ouvrir à la surface.

282. — Ce sont de simples canaux enroulés en peloton à leur partie profonde (*glomérule*) (*fig.* 103). C'est dans cette partie pelotonnée que se forme la sueur, laquelle est rejetée par le *canal excréteur*.

283. — Il y a sur toute la peau environ deux millions de glandes sudoripares. On voit fort bien à la loupe leurs ouvertures (ou pores) à la paume de la main : elles apparaissent comme de petits points à la surface des lignes saillantes dont les doigts sont couverts.

284. — La sueur est un liquide acide, contenant beaucoup d'eau, un peu de chlorure de sodium et une faible quantité d'urée.

285. — La sécrétion de la sueur, qui est d'autant plus forte que la chaleur est grande, a une double fonction : 1° Rafraîchir le corps en s'évaporant (c'est le même phénomène qui se produit dans les alcarazas) ; 2° Éliminer l'urée qui se forme dans le sang et constitue un véritable poison pour l'organisme. Sous ce dernier rapport donc, les glandes sudoripares viennent en aide aux reins.

286. — Pour faciliter les fonctions des glandes sudoripares, il faut à de nombreuses reprises laver son corps à grande eau, ce qui a d'ailleurs de nombreuses autres conséquences hygiéniques car la propreté est la base de l'hygiène. Ne pas se servir pendant longtemps de chaussures ou de vêtements en caoutchouc qui, étant imperméables, gênent les fonctions des glandes sudoripares, ce qui peut avoir de graves conséquences pour la santé.

CHAPITRE VI

LE SQUELETTE

287. — Le squelette, qui constitue la charpente de notre corps, est composé d'organes durs, appelés *os*.

§ 1. — Os.

288. — Les os sont surtout constitués par des cellules ramifiées, appelées *corpuscules osseux* (voir *fig.* 6), et séparées par une matière dure comme de la pierre.

289. — Au point de vue chimique les os sont formés : 1° d'une substance organique, *l'osséine*, facilement transformée par l'eau bouillante en gélatine ; 2° de *sels calcaires*, comprenant surtout du *phosphate de calcium*, un peu de *carbonate de calcium* et une petite quantité de *fluorure de calcium* et de *phosphate de magnésium*.

290. — Lorsqu'on laisse un os dans de l'acide chlorhydrique pendant quelques jours, les sels minéraux qui donnent à l'os sa dureté sont dissous ou décomposés et il ne reste plus que l'osséine : on peut alors plier ou tordre l'os sans difficulté.

291. — Les os des enfants sont riches en osséine et pauvres en sels minéraux ; ils se brisent moins facilement que ceux des vieillards, lesquels contiennent beaucoup de sels minéraux et peu d'osséine, ce qui les rend friables et cassants.

292. — En calcinant les os, on obtient du *noir animal ;* en les faisant bouillir, on obtient de la *gélatine.*

293. — Lorsqu'on coupe un os en travers (*fig.* 104), on trouve, de dedans en dehors : 1° la *moelle*, substance grasse ; 2° *l'os* proprement dit, parcouru par de fins canalicules appelés *canaux de Havers ;* 3° le *périoste*, mem-

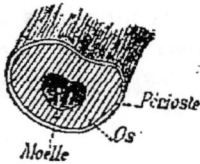

Fig. 104. — Coupe transversale d'un os long.

brane qui recouvre l'os et en augmente lentement *l'épaisseur*, en fabriquant de la matière osseuse *par sa face interne*, matière osseuse qui, au fur et à mesure de sa formation, vient s'appliquer sur l'os déjà existant.

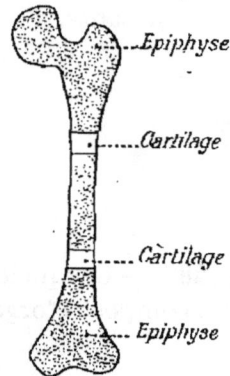

Fig. 105. — Os long en voie d'ossification.

294. — Les os, au moment de leur première formation, sont entièrement cartilagineux. Ils

s' « ossifient » ensuite[1] mais en laissant quelques parties car-
tilagineuses (*fig.* 105), ce qui leur permet de grandir pendant
plusieurs années en *longueur*, en même temps que le périoste
augmente leur *épaisseur*.

295. — Il y a deux sortes d'os : 1° les os *plats*, dont on voit de
nombreux représentants dans la tête ; 2° les os *longs*, tels
sont par exemple les os des membres.

296. — Ces os longs présentent à leurs extrémités des parties
en saillie, appelées *épiphyses*. Leur surface est souvent en
partie cartilagineuse (*cartilage articulaire*), tandis que leur
intérieur est formé de fines lames osseuses entrecroisées, constituant un *tissu spongieux*. Ce sont des tissus bien vivants ;
brisés, ils peuvent se ressouder assez vite, si on maintient en
contact les extrémités cassées.

297. — Les os s'articulent entre eux de trois façons : 1° Par
un simple engrenage (*fig.* 107),
comme cela se voit, par exem-
ple, entre le *frontal* et les *parié-*

Fig. 107. — Mode d'articulation
des os du crâne.

taux (dans la tête) ; 2° par un tissu
élastique (*ligaments*) ou un cartilage
qui leur permet d'avoir une certaine
souplesse ; c'est le cas des *vertèbres*
entre elles ; 3° par une *gaine*, la *cap-*

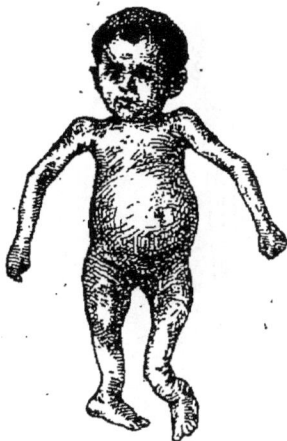

Fig. 106. — Enfant
rachitique.

1. S'ils ne s'ossifient pas, l'enfant a
les membres déformés par le poids de
son corps (enfant *rachitique*) (*fig.* 106).
   Dans tous les cas, il ne faut pas faire
marcher les enfants trop jeunes car
leurs jambes, au squelette encore en partie cartilagineux, ont une tendance à se
déformer en forme d'arc (enfant *cagneux*).

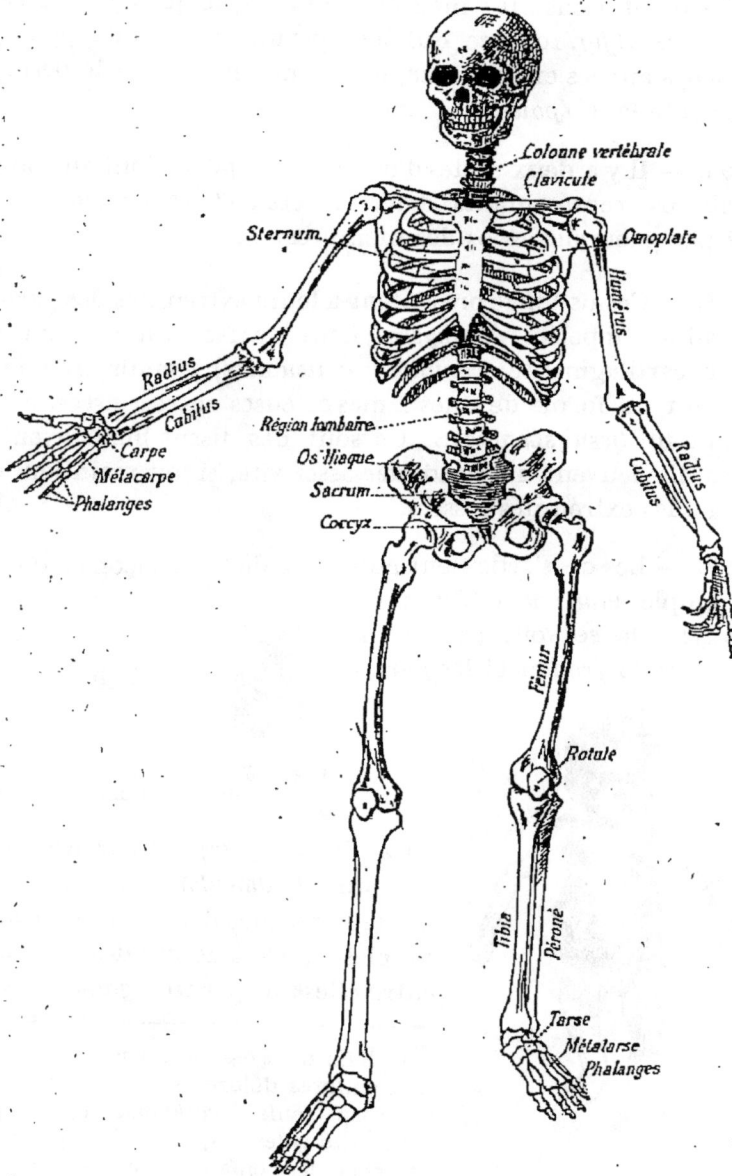

Fig. 108. — Squelette de l'Homme.

sule articulaire, qui enveloppe en même temps l'extrémité de
deux os voisins (*fig.* 109) ; elle est rem-
plie d'un liquide, la *synovie*, qui lubrifie
l'articulation et lui permet de « jouer »
plus facilement — de la même façon que
l'huile dans les rouages d'une machine —
(articulation du genou).

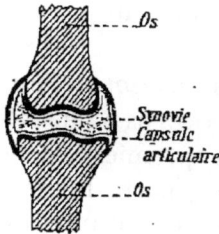

Fig. 109. — Schéma d'une
articulation.

§ 2. — Division du squelette.

298. — On peut distinguer trois par-
ties dans le squelette (*fig.* 108) : 1° Le tronc, comprenant : *a*)
la *colonne vertébrale*, *b*) les *côtes* et le *sternum* ; 2° la tête comprenant : *a*) le *crâne*, *b*) la *face* ; 3° les membres, comprenant : *a*) le *membre supérieur*, *b*) l'*épaule*, *c*) le *membre inférieur*, *d*) la *hanche*.

§ 3. — Le tronc.

299. — **Colonne vertébrale.** — La *colonne vertébrale* est
formée par une chaîne continue de 33 *vertèbres* réunies par
des *disques intervertébraux* de nature élastique, ou plus ou
moins soudées entre elles.

300. — Chaque vertèbre (*fig.* 110) comprend : 1° Un *corps*
osseux et plus ou moins épais ;
2° des prolongements sur les
côtés ou *apophyses transver-
ses* ; 3° un prolongement sur
le dos ou *apophyse épineuse*
(ces apophyses un peu en
saillie sous la peau du dos sont
désignées, dans le langage
courant, sous le nom d'*épine
dorsale*) ; 4° des *apophyses
articulaires*, qui les articulent
entre elles ; 5° un *trou* par où
passe la partie du système nerveux appelée *moelle épinière*.

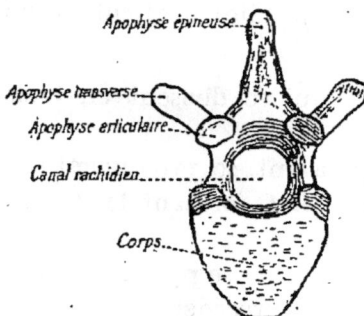

Fig. 110. — Une vertèbre dorsale
vue par dessus.

301. — On distingue dans la colonne vertébrale cinq régions (*fig.* 111) où les vertèbres ont des caractères spéciaux. Ce sont à partir de la tête :

a) Les 7 *vertèbres cervicales* (c'est-à-dire du cou), au « corps » peu développé et dont la première, celle qui supporte la tête, porte le nom d'*atlas*, tandis que la suivante est l'*axis* :

b) Les 12 *vertèbres dorsales*, qui s'articulent avec les côtes ;

c) Les 5 *vertèbres lombaires* (région des reins) ;

d) Les 5 *vertèbres sacrées* [1], soudées en un seul large os, le *sacrum ;*

e) Les *vertèbres coccygiennes*, dont l'ensemble constitue le *coccyx*, très petites et représentant, très atrophiée, la *queue* si développée chez la plupart des autres Mammifères.

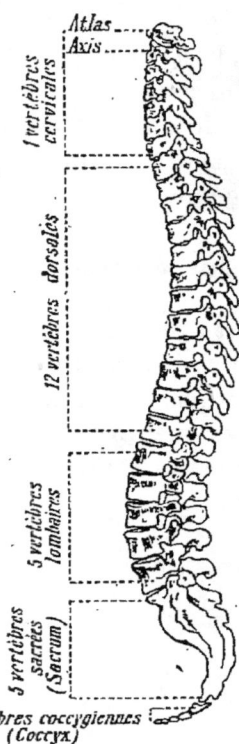

Fig. 111. — Ensemble de la colonne vertébrale vue par le côté.

302. — Côtes et sternum. — Les côtes sont des os un peu aplatis et ayant la forme d'un arc de cercle (voir *fig.* 85). Elles s'articulent en arrière avec les vertèbres dorsales.

303. — Il y a 12 paires de côtes, qui se divisent en trois groupes :

a) 7 paires de *vraies côtes* qui, en avant, se prolongent par un cartilage et vont s'unir à un os plat, formant le devant de la poitrine, le *sternum*.

b) 3 paires de *fausses côtes* qui, en avant, se prolongent par un cartilage venant s'unir aux cartilages précédents.

---

1. Ainsi nommées parce qu'elles occupent la région des viscères qui autrefois, dans les cérémonies sacrées, étaient offerts aux dieux.

c) 2 paires de *côtes flottantes*, qui sont libres en avant, c'est-à-dire ne viennent pas se souder ni directement ni indirectement avec le sternum.

304. — L'ensemble des côtes sur les côtés, de la colonne vertébrale en arrière, du sternum en avant, forme la *cage thoracique*.

§ 4. — La tête.

305. — Crâne. — Le crâne (*fig.* 112) est la partie de la tête qui renferme le cerveau et ses dépendances. Il est formé de 8 os plats :

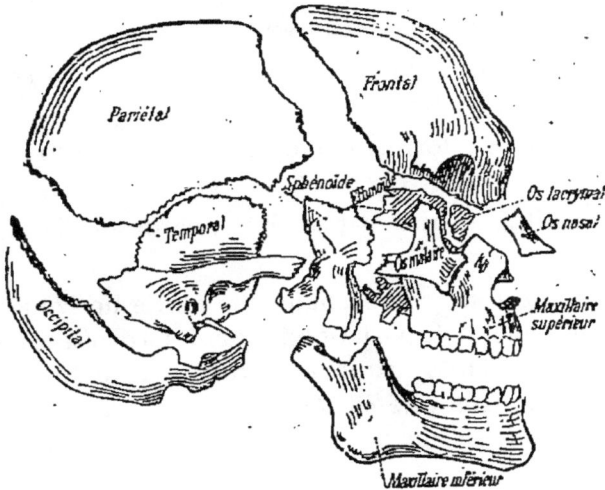

Fig. 112. — Os de la tête désarticulés.

a) Le *frontal*, qui forme le front et, par un de ses bords, limite en partie les cavités où se trouvent les yeux (*orbites*) ;

b) Les deux *pariétaux*, situés l'un à droite, l'autre à gauche de la partie supérieure de la tête ;

c) L'*occipital*, qui forme l'arrière de la tête ou occiput ; c'est lui qui repose sur le sommet de la colonne vertébrale. Il est percé d'un trou par où pénètre dans le crâne la moelle épinière ;

d) Les deux *temporaux*, placés au niveau des tempes et dont une partie très dure, le *rocher*, renferme une partie de l'oreille interne ;

e) Le *sphénoïde*, placé en quelque sorte au milieu du crâne et avec lequel viennent s'articuler la plupart des autres os de la tête. Il a la forme d'une chauve-souris ou d'une balance ;

f) L'*ethmoïde*, qui limite partiellement les narines et porte une partie des *cornets* du nez.

306. — Face. — La *face* constitue la partie antérieure de la tête. Elle comprend 12 os :

a) Les deux *nasaux*, formant le squelette du nez ;

b) Les deux *maxillaires supérieurs*, formant la mâchoire supérieure et portant seize dents ;

c) Les deux *os malaires*, situés au niveau du milieu des joues dont ils forment les « pommettes » ;

d) Les deux *os lacrymaux*, formant une partie des *orbites des yeux* et percés de petits trous ;

e) Les deux *os palatins*, formant une partie de la voûte du palais ;

f) Le *vomer*, constituant une partie de la paroi médiane du nez ;

g) Le *maxillaire inférieur*, comprenant une partie horizontale en forme de fer à cheval et portant seize dents ; à droite et à gauche une branche montante, laquelle s'arrondit au bout en un *condyle*, va pivoter dans une *cavité glénoïde* creusée dans l'os temporal. Seul des os de la face, le maxillaire inférieur est mobile.

A ces os il faut ajouter l'*os hyoïde*, complètement indépendant des os précédents, et placé à la base de la langue.

§ 5. — Les membres.

307. — Membre supérieur. — Le membre supérieur (*fig.* 113) comprend cinq régions :

a) Le *bras*, ayant pour squelette un os long, l'*humérus*, s'articulant en haut avec l'épaule, en bas avec les deux os de l'avant-bras ;

b) L'*avant-bras*, ayant pour squelette deux os disposés presque parallèlement, le *cubitus* et le *radius*, pouvant ainsi pivoter autour l'un de l'autre, ce qui permet de présenter la paume de la main à volonté vers le haut et vers le bas ;

c) Le *poignet*, ayant pour squelette huit petits os, de forme vaguement cubique, constituant le *carpe* ;

d) La *paume de la main*, ayant pour squelette cinq os placés à peu près parallèlement et constituant le *métacarpe* ;

e) Les *doigts*, au nombre de cinq et ayant chacun pour squelette trois os (sauf le pouce qui n'en a que deux) se succédant à la file et constituant les *phalanges*. C'est sur leur extrémité que repose l'*ongle*.

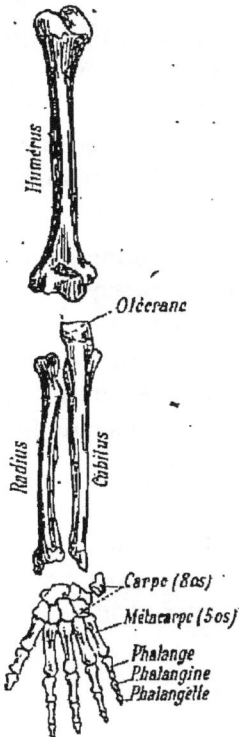

Fig. 113. — Os du bras.

308. — Épaule. — L'*épaule* sert en quelque sorte d'intermédiaire entre le membre supérieur et la cage thoracique. Elle comprend deux os :

Fig. 114. — Omoplate.

a) L'*omoplate* (*fig.* 114), os large, plat, triangulaire, placé en arrière de l'épaule, et s'articulant avec l'humérus ;

b) La *clavicule*, os un peu recourbé, placé horizontalement en avant de l'épaule et touchant par une extrémité à l'omoplate, par l'autre au sternum.

309. — Membre inférieur. — Le membre inférieur (*fig.* 115) comprend cinq régions :

a) La *cuisse*, ayant pour squelette un os très long, le *fémur*, qui, à la partie supérieure, s'articule avec la hanche par l'intermédiaire d'une *tête*, placée un peu latéralement et s'y rattachant par une partie rétrécie, appelée *col du fémur*. A la partie inférieure, le fémur s'articule avec les deux os de la jambe. A ce niveau, il y a un os complètement indépendant, arrondi, lenticulaire, la *rotule*, qu'il est facile de sentir en avant du genou ; ...

b) La *jambe*, ayant pour squelette deux os placés presque parallèlement, le *tibia* et le *péroné*, ce dernier plus mince que le premier. La partie inférieure de ces deux os fait saillie et constitue les *chevilles* ;

c) Le *cou-de-pied*, ayant pour squelette sept petits os constituant le *tarse* ; l'un deux, plus volumineux que les autres, le *calcanéum*, forme le *talon* ;

d) La *plante des pieds*, ayant pour squelette cinq os placés à peu près parallèlement et constituant le *métatarse* ;

e) Les *doigts* ou *orteils* formés chacun de trois os (sauf le pouce qui n'en a que deux), placés à la file les uns des autres, les *phalanges*. C'est sur leur extrémité que repose l'*ongle*.

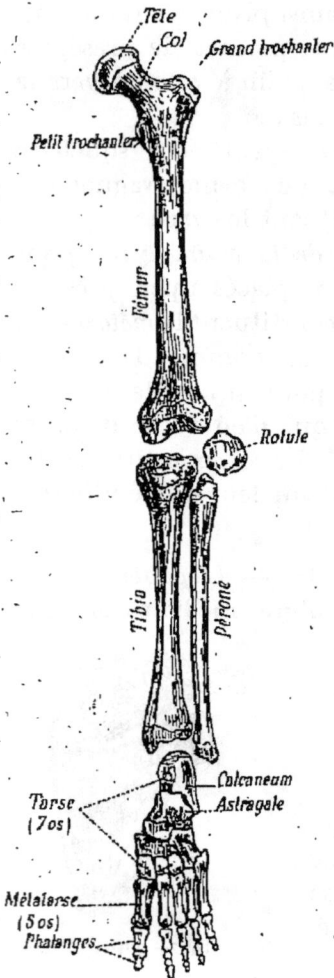

Fig. 115. — Os de la jambe.

310. — On voit que le membre inférieur a la même constitution générale que le membre supérieur :

Le *fémur* correspond à l'*humérus*,
Le *tibia*   —   au *cubitus*.
Le *péroné*   — — *radius*,
Le *tarse*   — — *carpe*,
Le *métatarse* — — *métacarpe*,
Les *phalanges* — aux *phalanges*.

311. — Hanche. — La *hanche* sert en quelque sorte d'inter-médiaire entre le membre inférieur et la colonne vertébrale. Elle est formée de deux os très larges, les *os iliaques* qui, en arrière, viennent se souder avec le *sacrum*, et en avant s'unissent ensemble au niveau du pubis. La cavité qu'ils limitent est le *bassin*. En arrière et à la partie inférieure se trouve la région sur laquelle on repose quand on est assis, et à laquelle on a donné le nom d'*ischion*. C'est avec la partie latérale du bassin, creusée à cet effet d'une cavité arrondie, que s'articule la tête du fémur.

§ 6. — Hygiène du squelette.

312. — Éviter les mauvaises positions, maintenues longtemps, — par exemple en écrivant (*fig.* 116) — pour éviter les dé-viations de la colonne vertébrale (*fig.* 117), par exemple les *dos ronds* ou l'*inégalité des épaules* (scoliose).

Fig. 116. — Mauvaise attitude produisant la scoliose.

313. — Éviter les exercices brutaux qui risquent de *casser* les os ou de les *désarticuler* (entorse). Faire des exercices modérés pour développer la puissance du squelette.

Fig. 117. — Colonne vertébrale atteinte de scoliose.

§ 7. — Le squelette dans la série animale.

314. — Le squelette n'existe que chez les Vertébrés.

Celui des **Mammifères** varie d'un groupe à l'autre, ainsi que nous le verrons plus loin.

Les os des **Oiseaux** sont creux (*os pneumatiques*) pour allé-

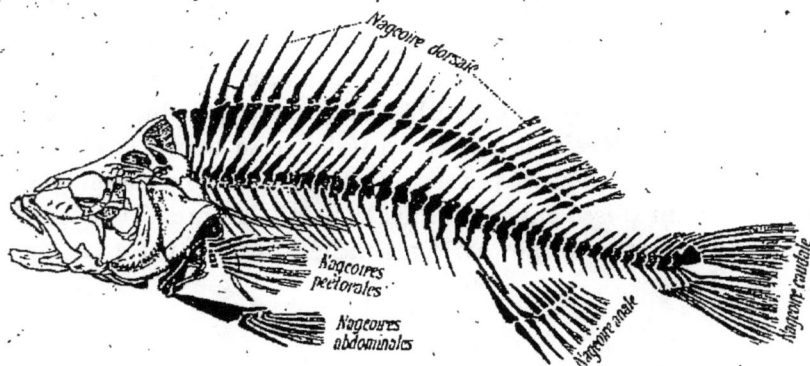

Fig. 118. — Squelette d'un Poisson : la Perche.

ger le poids des animaux et leur permettre de voler.

Les **Poissons** (*fig.* 118) ont beaucoup d'os (*arêtes*) ; les uns sont *osseux*, les autres *cartilagineux*.

CHAPITRE VII

LES MUSCLES

315. — Les *muscles* sont des organes qui servent à effectuer les mouvements : ils sont extrêmement nombreux dans notre

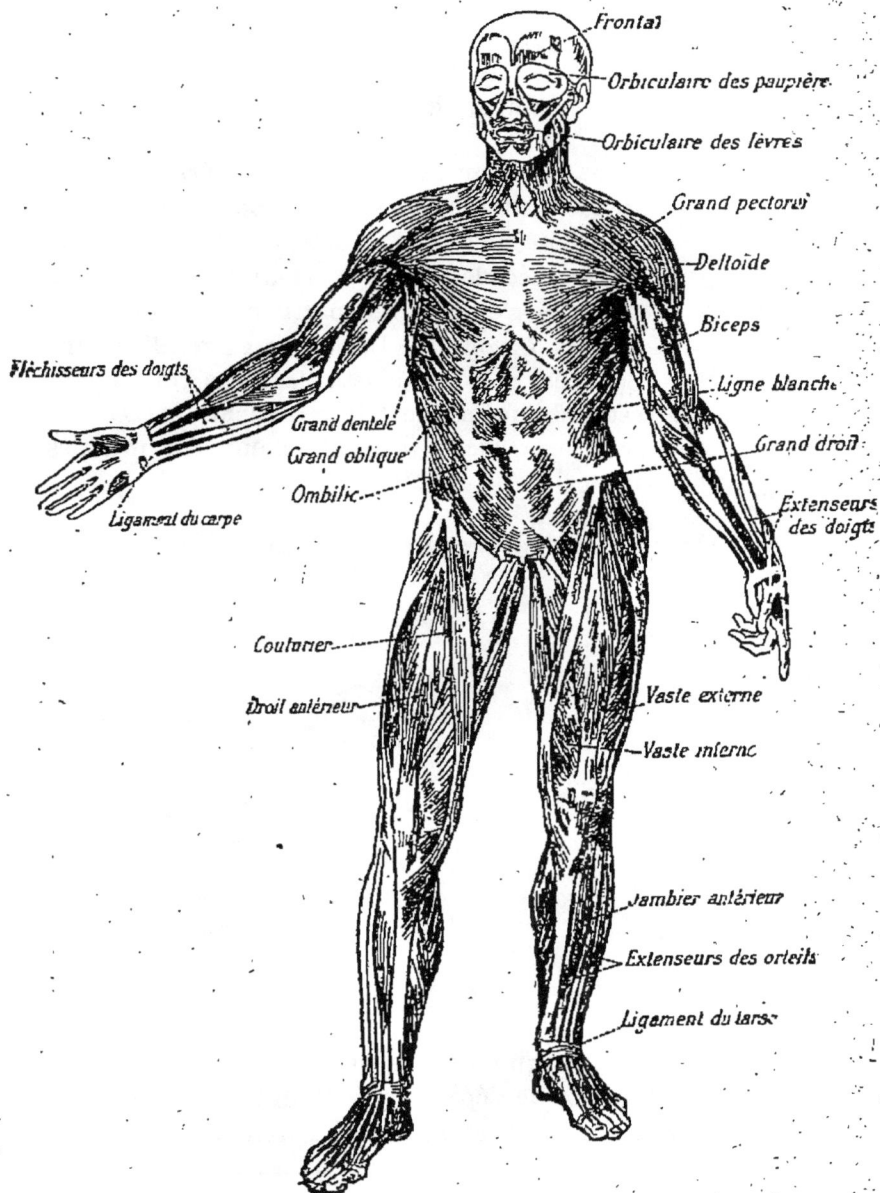

Fig. 119. — Les muscles de l'Homme (face antérieure).

-corps (*fig.* 119) et dans le langage courant, on dit qu'ils forment notre *chair* [1].

§ 1. — Anatomie des muscles.

316. — Un muscle, pris en particulier, a généralement la forme d'un fuseau court et épais (*fig.* 120). La partie médiane, renflée, de couleur rouge, est formée de *fibres musculaires striées* (voir *fig.* 10) : c'est la seule partie qui peut se raccourcir à volonté. Les deux extrémités sont occupées par une masse élastique comme du caoutchouc, d'une teinte blanche, nacrée : ce sont les *tendons* [2] qui attachent les muscles aux os.

Fig. 120. — Schéma d'un muscle.

317. — On peut prendre comme exemple de muscle, le

Fig. 121. —Biceps au repos.

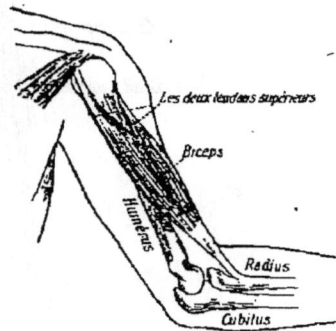

Fig. 122. — Biceps contracté.

muscle *biceps* (*fig.* 121) que tout le monde connaît : il s'attache d'une part aux os de l'épaule et à l'humérus et d'autre part à un des os de l'avant-bras, le radius. Quand nous voulons

---

1. Chez les animaux de boucherie, ils constituent la *viande*.
2. Improprement appelés « nerfs » par certaines personnes.

ramener la main gauche, par exemple, jusqu'à l'épaule du même côté, le biceps se contracte en diminuant de longueur, et, par compensation, en augmentant d'épaisseur (*fig.* 122) ; ce dernier phénomène est très net, ainsi qu'on peut le constater en mettant la main droite sur le bras gauche. Le biceps, en se contractant, soulève l'avant-bras. Quand on veut laisser tomber celui-ci, le biceps se relâche, ce qui le fait revenir à l'état de repos.

§ 2. — Hygiène des muscles.

318. — Ce sont les muscles qui constituent notre *force :* plus ils sont puissants, plus nous sommes forts. Le système musculaire est *éminemment perfectible :* le plus malingre, s'il en a la volonté ferme, peut se créer une musculature importante. Et cela très simplement : *par l'exercice* (*fig.* 123). Tout muscle qui ne travaille pas diminue de puissance, *s'atrophie.* Au contraire tout muscle qui travaille *augmente* d'épaisseur et de force : il suffit pour s'en convaincre de voir les biceps énormes et puissants des ouvriers travaillant des bras, comparativement aux bras minces et sans force de ceux qui exercent une profession sédentaire, et négligent de faire de temps à autre des exercices musculaires, de l'escrime, par exemple.

A   B

Fig. 123. — Muscles du bras chez un homme faisant des exercices musculaires (A) et chez un homme ne travaillant pas des bras (B).

319. — Le meilleur moyen d'avoir des muscles forts est

donc de faire de nombreux exercices, les uns *naturels*, comme
la marche, la course, le saut, les jeux en plein air, etc. ; les
autres *artificiels*, comme les exercices gymnastiques, la bicyclette, l'escrime, etc. Les premiers sont à la portée de tout le
monde et, en résumé, peuvent suffire : ils sont excellents parce
qu'ils font mouvoir *tous les muscles*, tandis que certains exercices gymnastiques n'en développent que *quelques-uns*.

320. — Mais, si les exercices musculaires sont bons, il ne
faut pas les exagérer car, poussés trop loin, ils amènent la
fatigue et celle-ci est nuisible : par la fatigue on détruit ce
qu'a fait de bien la première partie de l'exercice et de plus on
fabrique des toxines nuisibles à notre économie.

321. — Il faut d'ailleurs procéder aux exercices *progressivement*, ou, comme on dit, *s'entraîner* peu à peu ; on arrive
de la sorte à réaliser des exercices auxquels, au premier abord,
on n'aurait jamais cru pouvoir arriver.

Et le corps s'en trouve bien, car une bonne partie de l'hygiène se résume en ceci : la *santé par l'exercice et la propreté*.

CHAPITRE VIII

LE SYSTÈME NERVEUX

322. — Le système nerveux (*fig.* 124) est l'ensemble des
organes qui nous permettent de *sentir* — c'est-à-dire qui
président à notre *sensibilité* — et qui commandent aux mus-

cles de se *mouvoir* — c'est-à-dire qui président indirectement à
la *motilité*.

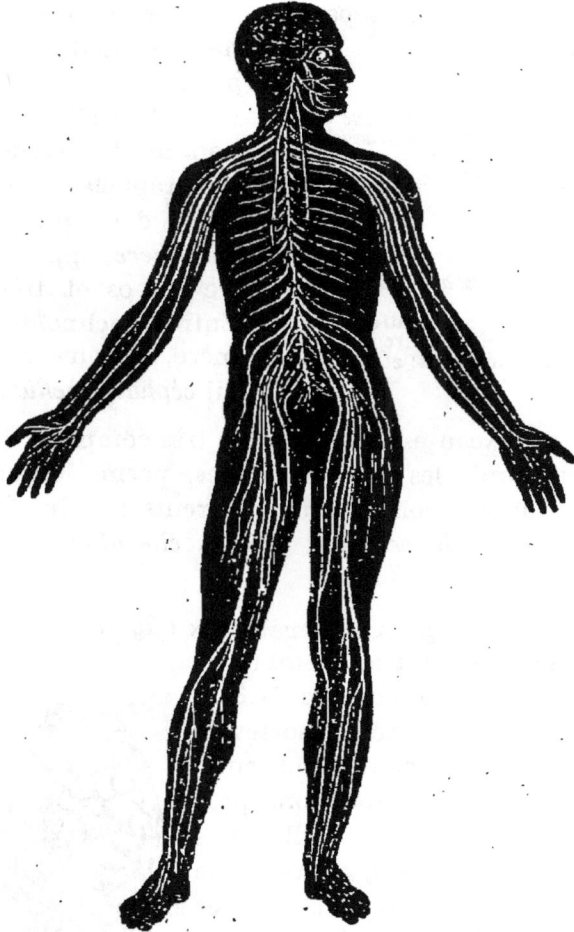

Fig. 124. — Ensemble du système nerveux.

Il comprend : 1° le *cerveau* ou *encéphale*, 2° la *moelle épinière*, 3° les *nerfs*.

§ 1. — Cerveau.

323. — Le *cerveau* est tout entier enfermé dans le crâne.
La *boîte cranienne* est limitée en avant par le *frontal*, en

dessus par les pariélaux, en arrière par l'occipital, en dessous par le sphénoïde.

324. — Le cerveau est séparé de ces os par trois membranes (fig. 125) qui sont ; la pie-mère, appliquée contre lui, l'arachnoïde, ainsi nommée à cause de sa minceur rappelant celle d'une toile d'araignée, et la dure-mère, appliquée contre les os et très solide. Entre l'arachnoïde et la pie-mère, se trouve un liquide, dit céphalo-rachidien.

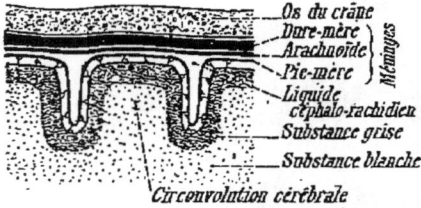

Fig. 125. — Coupe schématique de la partie superficielle des circonvolutions cérébrales, des méninges et de l'os du crâne qui les recouvre.

325. — Le cerveau est un ensemble très complexe d'organes étroitement réunis les uns aux autres, parmi lesquels nous ne citerons que les trois les plus apparents : a) les hémisphères cérébraux ; b) le cervelet; c) la moelle allongée ou bulbe rachidien.

326. — Les hémisphères cérébraux (fig. 126), qui sont le siège de la pensée, sont au nombre de deux : réunis, ils pèsent environ 1kg,300. Ils présentent à la surface des sortes de replis ou circonvolutions dont chacune a dans l'innervation ses fonctions précises. En pratiquant une entaille dans ces hémisphères (fig. 125), on voit que la partie superficielle en est constituée par un tissu grisâtre, que l'on appelle la substance grise, tandis que la partie la plus interne est blanche, ce qui la fait désigner sous le nom de substance blanche.

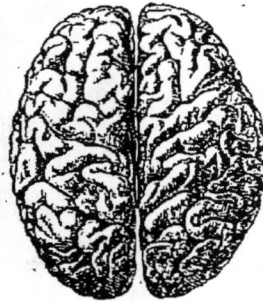

Fig. 126. — Hémisphères cérébraux, vus par dessus.

327. — La substance grise est formée de cellules nerveuses (voir fig. 11); la substance blanche, de tubes nerveux.

328. — C'est pour augmenter la quantité de substance grise, la substance « pensante » du cerveau, que celui-ci présente des circonvolutions.

329. — Les deux hémisphères sont réunis en partie entre eux par un pont de substance blanche qui passe de l'une à l'autre : c'est le *corps calleux*.

330. — Le cervelet (*fig.* 127) est situé en arrière et au-dessous des hémisphères cérébraux ; il repose dans la concavité de

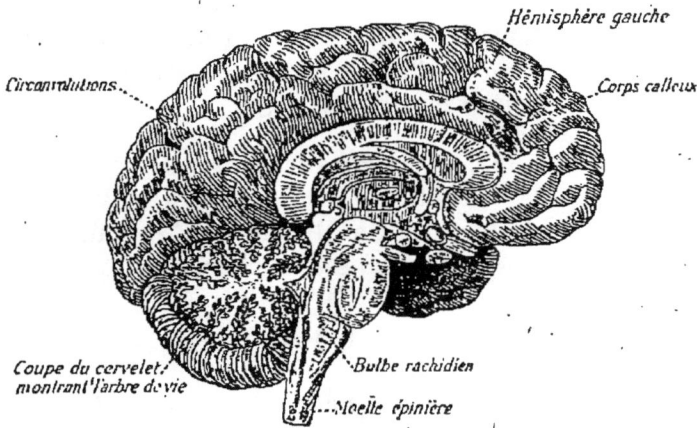

Fig. 127. — Coupe verticale du cerveau.

l'occipital. Il comprend trois lobes mal limités, un médian et deux latéraux. La surface présente d'étroites circonvolutions.

En coupant le cervelet en long, on voit qu'il est constitué en dehors par de la substance grise, en dedans par de la substance blanche. Cette dernière affecte une forme ramifiée qui lui a fait donner par les anciens anatomistes le nom d'*arbre de vie*.

Le cervelet paraît agir surtout dans la *coordination des mouvements*.

331. — La moelle allongée ou bulbe rachidien réunit le cerveau à la moelle épinière. Si, chez un Mammifère, on pique avec une épingle sa partie postérieure en un point appelé *nœud vital*, l'animal tombe mort : c'est d'ailleurs par une lésion à cet endroit que l'on tue généralement aux abattoirs les animaux de boucherie.

§ 2. — Moelle épinière.

332. — La *moelle épinière* (*fig.* 128), qui fait suite au cerveau, descend jusqu'au coccyx, complètement enfermée dans la colonne vertébrale ; c'est un long cylindre plein qui présente deux légers renflements, l'un au niveau des bras (*renflement cervical*), l'autre au niveau des hanches (*renflement lombaire*).

333. — Sa constitution intime est inverse de celle du cerveau en ce que la *substance blanche* est à l'*extérieur*, tandis que la *substance grise* est à l'*intérieur*.

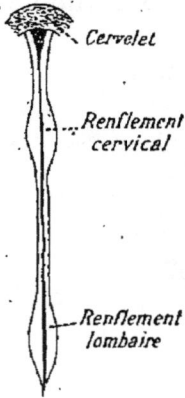

Fig. 128. — Schéma de la moelle épinière.

§ 3. — Nerfs.

334. — Les nerfs sont des cordons blancs qui partent des centres nerveux, c'est-à-dire du cerveau ou de la moelle épinière, et qui vont se ramifier dans le corps jusqu'à arriver sous forme de fines fibrilles aux tissus qu'ils doivent *innerver*. Ils sont composés exclusivement de *tubes nerveux*, véritables *fils télégraphiques* qui réunissent les différentes parties du corps aux centres nerveux, lesquels les dirigent ou en reçoivent les impressions.

335. — *Au point de vue anatomique*, bien qu'ils aient le même aspect, on distingue :

336. — Les **nerfs craniens**, qui, au nombre de 12 paires, partent du cerveau et vont surtout innerver les organes des sens ;

337. — Les **nerfs rachidiens**, qui, au nombre de 31 paires, naissent de la moelle épinière *par deux racines*, l'une antérieure, l'autre postérieure, et vont innerver surtout la peau et les muscles.

338. — *Au point de vue physiologique*, on peut grouper les nerfs d'une autre façon, suivant la direction qu'y suit *l'influx nerveux* :

339. — Les nerfs sensitifs, qui conduisent aux centres nerveux les sensations reçues par les organes des sens. Par exemple, le *nerf optique* conduit au cerveau les sensations lumineuses reçues par les yeux. De même, le nerf *acoustique* conduit au cerveau les sensations sonores reçues par les oreilles ;

340. — Les nerfs moteurs, qui conduisent la sensation nerveuse en sens contraire des précédents, c'est-à-dire qui transmettent aux muscles l'ordre de se contracter, parti des centres nerveux. Tel est le *nerf facial* qui, lorsqu'on le coupe, ne va plus faire mouvoir les muscles de la face, laquelle, dès lors, reste « sans physionomie » ou, comme on dit, est *paralysée*.

341. — Si l'ordre en question part du cerveau sans que celui-ci en ait reçu l'impulsion du dehors, on a alors affaire au phénomène de la *volonté*.

342. — Si l'ordre passe simplement par les centres nerveux, sans que l'animal en ait conscience, c'est un *acte réflexe* (*fig.* 129). Par exemple, en faisant tomber un objet lourd à côté d'un animal au repos, celui-ci sursaute, c'est-à-dire contracte ses muscles sans le vouloir ;

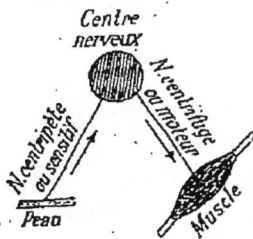

Fig. 129. — Schéma du réflexe.

343. — Les nerfs mixtes qui sont, en quelque sorte, un *mélange* des deux précédents en ce qu'ils ont la propriété de recevoir les sensations extérieures et de les transmettre aux centres nerveux et, en même temps, de pouvoir transmettre aux muscles les ordres partis des centres nerveux.

344. — C'est ce qui arrive pour les *nerfs rachidiens* (*fig.* 130 et 131) dont la dualité physiologique n'est séparable qu'à leur point d'émergence de la moelle. On a en effet reconnu

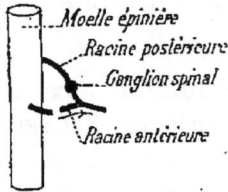

Fig. 130. — La racine anté-rieure est coupée : perte du mouvement.

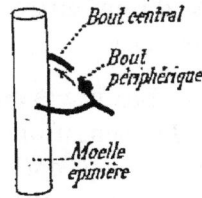

Fig. 131. — La racine pos-térieure est coupée : perte de la sensibilité.

que la *racine antérieure* est *motrice*, tandis que la *racine postérieure* est *sensitive*. Il est facile de le démontrer : en coupant la racine *antérieure*, la région innervée par le nerf est *paralysée*, mais demeure *sensible*. Au contraire, si on coupe la *racine postérieure*, la région innervée n'est plus *sensible*, mais continue à effectuer des mouve-ments. Dans tout le reste de leur trajet, les mêmes nerfs sont à la fois *moteurs* et *sensitifs* : si on les coupe ailleurs qu'au niveau de leur racine, la région inner-vée perd à la fois sa *sensibilité* et sa *motilité*.

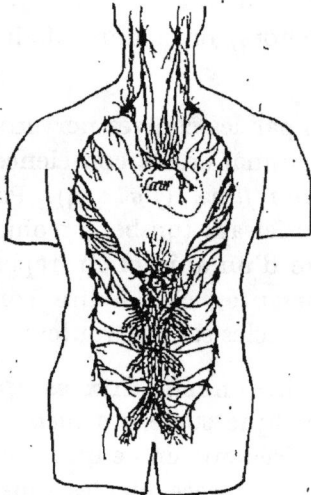

§ 4. — Grand sympathique.

345. — Il faut encore citer un ensemble un peu particulier, le *grand sympathique* (*fig.* 132), qui, formé de nerfs très fins et de petits *ganglions nerveux*, est répandu surtout dans les viscères (par exemple les intestins, le cœur) : il préside à leur fonctionnement.

Fig. 132. — Schéma d'ensemble du grand sympathique.

§ 5. — Hygiène du système nerveux.

346. — Le système nerveux est tout aussi perfectible que le système musculaire : c'est en travaillant sans cesse, en étudiant, que l'on rend son cerveau apte à comprendre et à créer.

347. — Il faut cependant éviter le *surmenage* qui fatigue le cerveau et lui est nuisible.

348. — Tout travail intellectuel doit être coupé, compensé par un travail physique ou un repos, surtout en plein air.

349. — Éviter l'abus de l'alcool qui irrite le système nerveux et amène l'*abrutissement*, l'*idiotie*, la *folie*, l'*épilepsie* et les *mauvais instincts*, non seulement pour celui qui s'y livre, mais aussi pour ses enfants que l'*hérédité* rend ainsi victimes des fautes de leurs parents.

§ 6. — Le système nerveux dans la série animale.

350. — Chez les **Vertébrés**, les centres nerveux ont la même constitution générale que chez l'homme; et, comme chez lui, sont situés *tout entiers au-dessus du tube digestif (fig. 133)*, l'animal étant sup-

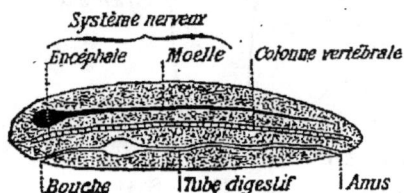

Fig. 133. — Schéma d'un Vertébré coupé en long.

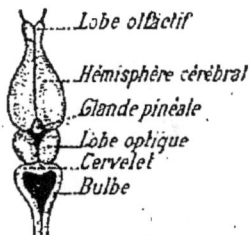

Fig. 134. — Encéphale d'un Poisson.

posé avoir la face ventrale tournée du côté du sol. Il est à noter que chez les Vertébrés inférieurs, notamment les **Batraciens**, les **Reptiles** et les **Poissons** (*fig*. 134,) l'encéphale, au lieu d'être « tassé » comme chez les **Mammi-**

fères, où il recouvre les autres parties, est comme « étiré » : dans ces conditions les diverses parties sont placées à la file les unes des autres. Par exemple, dans l'encéphale d'un Poisson (*fig.* 134) on voit d'avant en arrière : une série de masses parmi lesquelles on remarque les hémisphères cérébraux, le cervelet et le bulbe. Les hémisphères cérébraux sont remarquablement petits, ce qui s'accorde avec le peu d'intelligence de ces animaux.

351. — Chez les Insectes, les Crustacés et les Vers, (*fig.* 136) le système nerveux est en « *échelle de corde* », c'est-à-dire qu'il est formé d'une file de ganglions réunis entre eux de manière à simuler cet engin de gymnastique. Le premier ganglion est situé dans la tête et porte le nom de ganglion cérébroïde : il est placé *au-dessus* du tube digestif, tandis que le reste de la chaîne nerveuse est placé *au-dessous*, c'est-à-dire sur la face ventrale. Les deux parties sont réunies par deux filaments nerveux qui passent à droite et à gauche du tube digestif et constituent le *collier œsophagien*.

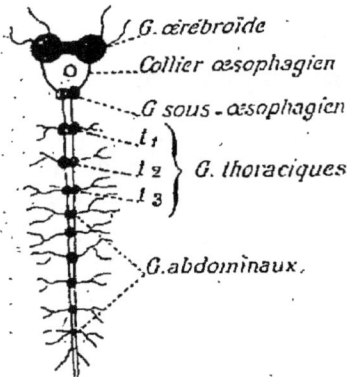

Fig. 135. — Système nerveux d'un Ver.

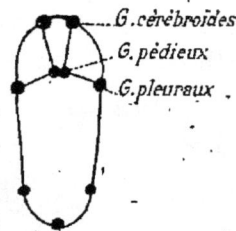

Fig. 136. — Système nerveux d'un Mollusque.

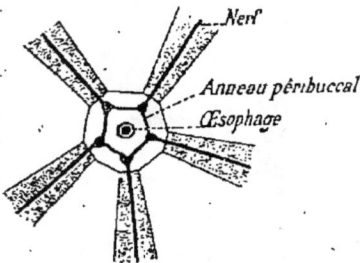

Fig. 137. — Système nerveux d'Échinoderme.

352. — Chez les Mollusques (*fig.* 136), il y a deux *ganglions cérébroïdes*, placés au-dessus du tube digestif, et quatre paires de ganglions situés au-dessous du même organe : les *ganglions* *pédieux* et les *ganglions pleuraux*. Ces ganglions sont réunis par deux colliers œsophagiens de manière à constituer, à droite et à gauche, un *triangle latéral*. D'autres ganglions sont en relations avec les ganglions pleuraux.

353. — Chez les Échinodermes (*fig.* 137) et les Cœlentérés, le système nerveux n'est généralement formé que d'un anneau arrondi ou pentagonal entourant l'œsophage.

354. — Les Protozoaires n'ont pas de système nerveux différencié.

CHAPITRE IX

ORGANES DES SENS

---

355. — Les organes des sens sont les organes qui reçoivent les impressions du dehors, par exemple les impressions lumineuses, les impressions sonores, et les transmettent au système nerveux central, lequel les perçoit et les apprécie.

356. — Il y a *cinq* sortes de *sens* :
   a) Le *toucher* ;
   b) Le *goût* ;
   c) L'*odorat* ;
   d) L'*audition* ;
   e) La *vue*.
Nous allons les étudier successivement.

CHAPITRE X

ORGANES DES SENS : LE TOUCHER

357. — Le *toucher* ou *tact* est la fonction par laquelle nous percevons la forme, le poids, la température des objets qui sont en contact avec notre corps.

358. — Il s'effectue par la *peau* [1] dont nous allons étudier

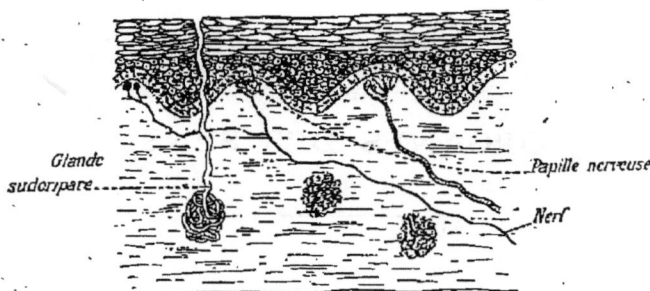

Fig. 138. — Coupe schématique de la peau.

la structure (*fig.* 138) avant de parler des organes du toucher proprement dits.

359. — La peau comprend deux couches, l'une superficielle, l'*épiderme*, formé de cellules aplaties et tassées les unes sur les autres; l'autre, plus profonde, le *derme*, formé surtout de tissu élastique. Ce dernier est séparé des muscles sous-jacents par un tissu lâche (dit *tissu cellulaire sous-cutané*) qui permet à la peau d'être pincée ou plissée.

---

1. La peau des animaux, traitée par certaines matières renfermant du *tanin*, (écorce de chêne, par exemple) est durcie et *tannée* : elle constitue alors le cuir.

360. — De place en place, la peau présente des enfoncements internes (*bulbes pileux*) (*fig.* 139) de chacun desquels sort un fil corné, un *poil*. Celui-ci s'accroît sans cesse par la base ou *racine*, endroit qui présente une petite *papille* vasculaire. Les poils sont très répandus à la surface de la peau : le dessus de la main, par exemple, malgré son apparence lisse, en est couvert. Les poils portent les noms de cheveux (sur la tête), de moustaches (sur les lèvres), de barbe (sur les joues et le menton), de sourcils (au-dessus des yeux), de cils (sur le bord des paupières).

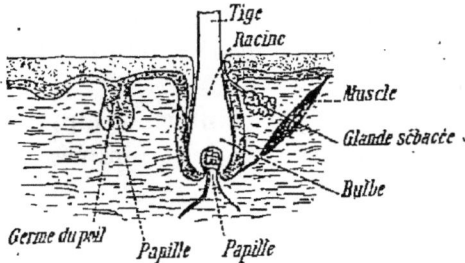

Fig. 139. — Coupe schématique d'un poil et de la peau dans laquelle il est enfoncé.

361. — Les *ongles*, les *griffes* et les *sabots* sont des productions comparables aux poils, sauf qu'ils sont très larges et adhèrent aux tissus sous-jacents par une partie de leur surface.

362. — Au bulbe pileux sont généralement annexés un petit muscle et une *glande sébacée* qui vient y déverser son contenu, lequel est une matière grasse, le *sébum*, dont le rôle est de « lubrifier » le poil qu'il imbibe. Lorsqu'un animal est mal portant, sa sécrétion sébacée se fait mal et les poils prennent une apparence « sèche ».

A citer encore dans la peau les nombreuses *glandes sudoripares* dont nous avons déjà parlé.

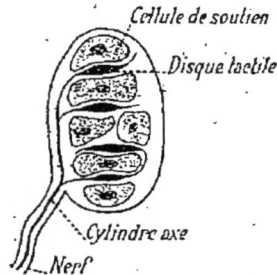

Fig. 140. — Corpuscule du toucher, coupé en long et très grossi.

363. — Arrivons maintenant aux organes du tact, appelés aussi *corpuscules du toucher* (*fig.* 140). Ce sont de très petits corps arrondis ou ovoïdes, placés à la partie supérieure du derme, c'est-à-dire immédiatement au-dessous de l'épiderme dans de petites bosses appelées *papilles*. Ils sont formés de *cellules de soutien* séparées par des cellules nerveuses un peu spéciales, dites *disques tactiles*, lesquels sont tous en rapport avec un nerf.

Ce sont ces disques tactiles qui, par l'intermédiaire des pressions effectuées sur l'épiderme, transmettent l'impression du toucher au système nerveux.

CHAPITRE XI

ORGANES DES SENS : LE GOÛT

364. — Le goût est le sens qui nous renseigne sur la *saveur* des substances que nous mangeons. Il a surtout pour siège la *langue*.

365. — Celle-ci est recouverte d'une *muqueuse*, c'est-à-dire d'une peau humide, qui présente sur presque toute sa surface des élévations appelées *papilles gustatives* (*fig.* 141) parce que c'est par elles que nous percevons les sensations gustatives.

Fig. 141. — Papilles de la langue, vues à un fort grossissement.

366. — Ces papilles sont si abondantes qu'elles forment par leur ensemble, un véritable velours à la surface. Les unes présentent des digitations minces comme des fils (*papilles filiformes*), les autres sont en forme de minuscules champignons (*papilles fongiformes*). D'autres, plus ou moins enfoncées dans l'épaisseur de la langue, portent le nom de papilles *caliciformes* : elles sont volumineuses, peu nombreuses, et situées à la base de la langue de manière à simuler par leur ensemble un V majus-cule dont la pointe serait tournée vers le gosier : c'est surtout par ce V *lingual* (*fig.* 142), comme on le désigne, que s'effec-tuent les principales sensations gustatives.

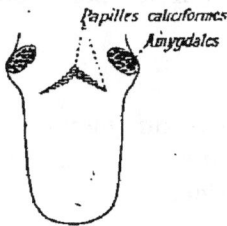

Fig. 142. — Face supérieure de la langue montrant le V lingual.

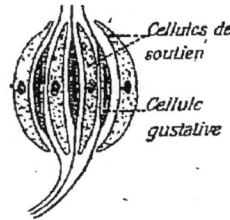

Fig. 143. — Corpuscule gustatif coupé en long et grossi.

367. — On y trouve en abondance des *corpuscules gustatifs*, formés de *cellules de soutien* séparées par des *cellules gustatives* (*fig.* 143). Chacune de ces dernières a la forme d'un fuseau : par sa base elle se continue avec un nerf, tandis que son autre extrémité se prolonge en un fil fin et court, lequel est en con-tact avec la salive et les aliments.

368. — Pour qu'on puisse percevoir la saveur de ces der-niers, ils doivent être en partie liquides : c'est le rôle de la salivation et de la mastication de les amener à cet état. La vue seule d'un aliment appétissant suffit quelquefois à faire saliver, ou comme on dit, à « faire venir l'eau à la bouche » : c'est un phénomène réflexe.

369. — On distingue surtout quatre sortes de saveurs : les saveurs *salées* (sel marin), les saveurs *acides* (vinaigre), les saveurs *sucrées* (sucre) et les saveurs *amères* (sulfate de qui-nine).

CHAPITRE XII

ORGANES DES SENS : L'ODORAT

370. — L'odorat est le sens par lequel nous percevons les odeurs.

371. — Il s'exerce par le *nez*.

372. — Le nez comprend deux *narines* ou *fosses nasales* séparées en avant par une cloison médiane, mais communiquant en arrière entre elles et avec le gosier.

373. — Dans *chaque* fosse nasale, il y a trois replis superposés, et un peu contournés sur eux-mêmes, ce qui leur a fait donner le nom de *cornets* : il y a de bas en haut, le *cornet inférieur*, le *cornet moyen* et le *cornet supérieur*.

374. — C'est surtout au niveau des deux cornets supérieurs que s'exerce l'odorat. Là se trouvent dans la

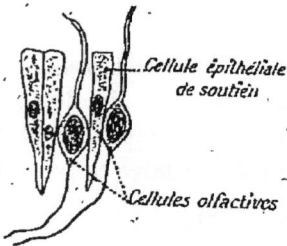

Fig. 144. — Cellules olfactives de la membrane pituitaire.

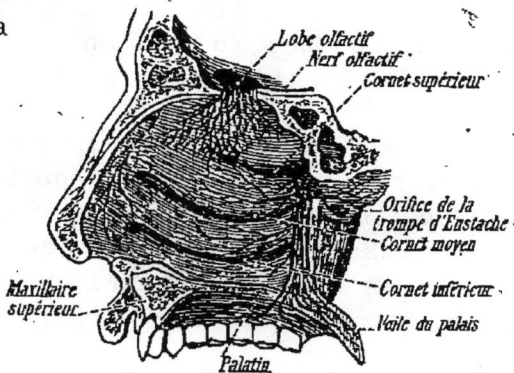

Fig. 145. — Une narine coupée en long.

muqueuse[1] de nombreuses *cellules olfactives* (*fig.* 144), plus ou

1. Cette muqueuse, de couleur jaune, porte le nom de *membrane pituitaire*.

moins séparées par des cellules épithéliales de soutien, et toutes en rapport par leur base avec les filets du *nerf olfactif* (*fig.* 145) tandis que leur sommet se prolonge par un filament sensible.

375. — Les odeurs, pour être perçues, doivent être à l'état de gaz (Exemple : odeur du gaz d'éclairage) ou de vapeurs (Exemple : odeur des aliments qui cuisent sur le feu). De fines particules impalpables (musc) flottant dans l'air, sont susceptibles aussi d'impressionner nos cellules olfactives.

CHAPITRE XIII

ORGANES DES SENS : L'AUDITION

---

376. — L'*audition* ou l'*ouïe* est cette fonction qui nous fait percevoir les vibrations sonores ou *son*. Elle s'exerce par l'intermédiaire des deux *oreilles*.

377. — Chaque oreille comprend un ensemble d'organes assez complexes, que l'on peut diviser en trois parties successives :

    a) l'oreille *externe* ;
    b) l'oreille *moyenne* ;
    c) l'oreille *interne*.

§ 1. — Oreille externe.

378. — L'oreille externe n'est qu'en partie « extérieure »; elle comprend :

379. — Le *pavillon de l'oreille*, organe charnu et cartilagineux, formant un certain nombre de replis parmi lesquels on en remarque un, l'*hélix*, à la partie supérieure. A la partie inférieure, se trouve le *lobule* auquel les femmes attachent leurs boucles d'oreilles.

380. — Le *conduit auditif externe* qui s'ouvre au dehors, dans le milieu du pavillon, et pénètre dans l'intérieur de la tête sous forme d'un canal un peu recourbé et long de 3 centimètres environ, fermé à l'autre extrémité par une membrane oblique, le *tympan*.

381. — Dans ce conduit sont des glandes sécrétant une matière analogue comme aspect à de la cire molle d'abeilles, le *cérumen*, dont le rôle paraît être d'arrêter les poussières qui pourraient s'introduire dans l'oreille.

§ 2. — Oreille moyenne.

382. — L'*oreille moyenne* (*fig.* 146), qui fait suite à l'oreille

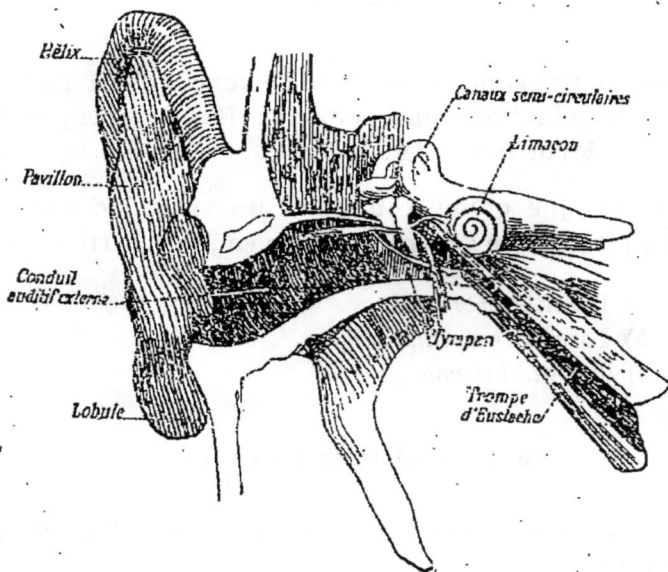

Fig. 146. — Ensemble de l'oreille.

externe, porte aussi le nom de *caisse du tympan*.

383. — C'est une cavité irrégulière creusée dans cette partie dure de l'*os temporal* qui porte le nom de *rocher*.

384. — Elle est séparée du conduit auditif externe par le *tympan*, membrane mince que l'on ne saurait mieux comparer qu'aux minces peaux qui terminent les bouts des mirlitons.

385. — La caisse du tympan est séparée de l'oreille interne par deux orifices tendus également de membranes, la *fenêtre ronde* et la *fenêtre ovale*.

386. — Elle n'est pas complètement close, car elle communique avec l'*arrière-cavité des fosses nasales* par un conduit, la *trompe d'Eustache*, grâce auquel la pression de l'air de la caisse reste la même que celle de l'air extérieur. Lorsque l'on a un « rhume de cerveau », la trompe d'Eustache est bouchée en partie et, dès lors, on entend fort mal.

387. — Dans la caisse, enfin, on remarque une série de petits os, la *chaîne des osselets*, qui réunit le tympan à la fenêtre ovale.

388. — Ces osselets sont au nombre de quatre :

a) Le *marteau*, ainsi nommé à cause de sa forme ; le manche est en partie encastré dans la membrane du tympan, ce qui lui permet de vibrer avec elle et de transmettre le son aux autres osselets;

b) L'*enclume ;*

c) L'*os lenticulaire*, très petit ;

d) L'*étrier*, dont la face plate est collée contre la fenêtre ovale.

389. — Tous ces osselets sont munis de petits muscles qui permettent de tendre plus ou moins la chaîne suivant l'acuité du son qu'elle est chargée de transmettre. La tension trop soutenue de ces muscles finit par « fatiguer » l'oreille.

§ 3. — Oreille interne.

390. — L'*oreille interne* ou *labyrinthe*[1] se compose d'une série de cavités remplies d'un liquide, l'*endolymphe*, et creusées dans l'os temporal.

Elle comprend trois parties principales :

391. — Le *vestibule*, divisé par un rétrécissement en deux cavités, le *saccule* et l'*utricule*, cette dernière communiquant avec la caisse du tympan par la fenêtre ovale. Sur les parois de chacune de ces deux cavités, on remarque deux *taches acoustiques*, blanchâtres, formées de cellules en forme de fuseaux (*fig.* 147) en rapport avec des nerfs et recouvertes de très fins cristaux calcaires ou *otolithes ;*

Fig. 147. — Cellule des taches acoustiques.

392. — Les *canaux semi-circulaires*, au nombre de trois, disposés perpendiculairement les uns aux autres. Ils ont la forme d'une demi-circonférence et viennent s'ouvrir dans l'utricule, après s'être légèrement renflés à la base en une vésicule qui reçoit des filets nerveux.

393. — Le *limaçon*, ainsi nommé à cause de sa ressemblance avec la coquille d'un Escargot. C'est une cavité enroulée sur elle-même en spirale autour d'un axe appelé *columelle* et parcourue d'un bout à l'autre par une *lame spirale* (*fig.* 148) qui la divise en deux autres cavités auxquelles on a donné le nom de *rampes*. Il y a la *rampe vestibulaire* qui communique avec le saccule et la rampe *tympanique* qui communique avec la caisse du tympan par la *fenêtre ronde*.

Fig. 148. — Limaçon, coupé en long.

1. Ainsi nommée à cause de sa complexité.

394. — La lame spirale, dont la largeur diminue depuis la base du limaçon jusqu'à son sommet, supporte une série de cellules à disposition complexe, dont l'ensemble porte le nom

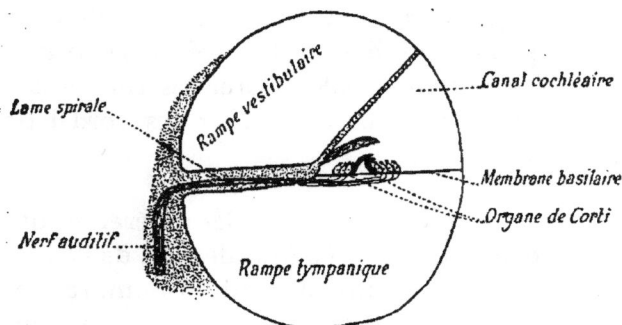

Fig. 149. — Coupe transversale d'une spire du limaçon.

d'*organes de Corti* (*fig.* 149) : on peut assez bien les comparer à une série de petites cordes, au nombre de plus de 6 000, analogues à celles des pianos et toutes en relation avec les dernières ramifications du *nerf auditif*. C'est la partie la plus importante de l'oreille, celle qui, non seulement perçoit les sons, mais encore permet d'apprécier leurs diverses qualités.

§ 4. — Physiologie de l'audition.

395. — L'oreille externe n'a d'autre rôle que de diriger en quelque sorte les vibrations sonores qu'elle reçoit jusqu'à la membrane du tympan.

396. — Celle-ci vibre et transmet à son tour les vibrations à l'oreille interne. La caisse du tympan est donc un simple appareil de *transmission* des sons, tandis que l'oreille interne est plutôt un appareil de *réception* et *d'appréciation*.

397 — Les sons peuvent d'ailleurs arriver jusqu'à l'oreille interne sans passer par la caisse du tympan : ils peuvent lui être transmis par les os du crâne. Tout le monde sait, par exemple, que l'on peut entendre le tic-tac d'une montre en appliquant celle-ci contre le front ou en la serrant entre les dents.

398. — Le limaçon perçoit et distingue les différents sons grâce à l'inégale longueur des cordelettes de ses organes de Corti : les sons graves font en effet vibrer les cordelettes longues, tandis que les sons aigus font vibrer les cordelettes les plus courtes.

399. — L'oreille peut ainsi apprécier les différentes qualités du son, notamment leur *intensité* (qui dépend de l'amplitude des vibrations), leur *hauteur* (qui dépend du nombre de vibrations par seconde) et leur *timbre* (qui donne à chaque son émis par un instrument sa sonorité particulière, laquelle permet, par exemple, de distinguer la même note émise par un piano et par une flûte).

400. — L'oreille a encore une autre fonction : elle nous renseigne sur la *position* du corps par rapport à l'espace : ce sont les canaux semi-circulaires qui paraissent plus spécialement chargés de cette fonction. Si on les enlève à un Pigeon, celui-ci ne sait plus garder son équilibre et tombe sur le côté ou sur le dos.

§ 5. — Hygiène de l'oreille.

401. — Enlever souvent le cérumen du conduit auditif externe qui, sans cela, formerait un bouchon ne permettant pas aux sons d'arriver jusqu'au tympan.

402. — Dans cette opération, n'introduire le cure-oreilles que très peu dans le conduit auditif externe, de manière à ne pas toucher la membrane du tympan, que l'on pourrait percer, ce qui amènerait la *surdité*.

403. — En se mouchant, avoir soin de ne jamais pincer les deux narines *en même temps*. Sans cette précaution, les matières contenues dans les narines, refoulées par le souffle, risquent de pénétrer dans la trompe d'Eustache et de remonter ainsi *jusque dans la caisse du tympan*, où, grâce aux microbes qu'elles contiennent *toujours*, elles amènent à la longue une *surdité très fréquente* et *inguérissable*.

404. — Eviter d'écouter des sons trop forts (par exemple le sifflement d'une locomotive) qui pourraient altérer l'ouïe.

§ 6. — L'oreille dans la série animale.

405. — Au sujet de cette question, il suffira de citer l'oreille des animaux inférieurs, par exemple celle des **Mollusques** et des **Vers**, à qui on donne le nom d'*otocyste* (*fig.* 150). C'est une simple cavité close en rapport extérieurement avec des nerfs et tapissée à l'intérieur par des cellules munies de fins cils. Le reste de la cavité est rempli d'un liquide, l'*endolymphe*, dans laquelle flottent de petits cristaux ou *otolithes*. Sous l'influence d'une onde sonore, ceux-ci

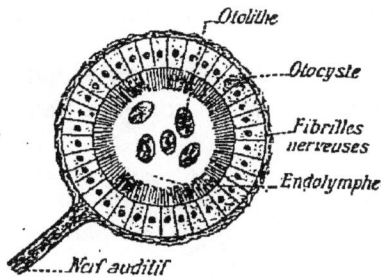

Fig. 150. — Vésicule auditive ou otocyste d'un Mollusque.

vibrent, s'agitent et viennent toucher les cils des cellules ; les cellules transmettent leur impression aux nerfs en relation avec elles. C'est donc un organe très simple.

CHAPITRE XIV

ORGANES DES SENS : LA VUE

406. — La *vue* est la fonction qui nous permet de *voir* les objets, c'est-à-dire de percevoir les vibrations lumineuses.

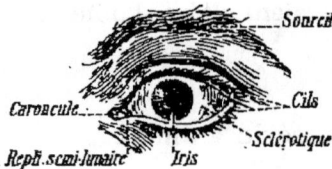

Fig. 151. — L'œil.

407. — Elle s'exerce par les *yeux* (*fig.* 151), au nombre de deux.

408. — Chaque œil comprend : a) des *parties accessoires* ; b) une partie principale, le *globe oculaire*.

§ 1. — Parties accessoires de l'organe de la vision.

409. — Ces parties accessoires protègent l'œil ou aident *indirectement* à son bon fonctionnement. Elles comprennent surtout :

410. — L'*orbite*, cavité dans la quelle se trouve l'œil et qui est formée en partie par les os du crâne (par exemple le *frontal* [1]) et en partie par les os de la *face* ;

411. — Les *sourcils*, qui empêchent les poussières roulant sur le front d'arriver jusqu'à l'œil ;

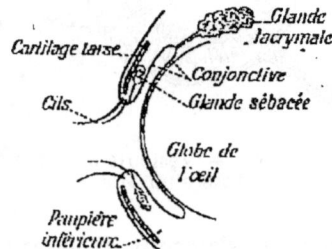

Fig. 152. — Les paupières, représentées en coupe.

[1]. Le frontal, au niveau des sourcils, présente une saillie très appréciable qui surplombe le globe oculaire et le protège très efficacement. C'est grâce à cette saillie qu'un œil qui reçoit un coup de poing est simplement « poché » suivant l'expression populaire, au lieu d'être crevé. Cette protection est d'ailleurs facilitée par ce fait que l'œil ne remplit pas exactement l'orbite, mais en est séparé par un matelas élastique de graisse.

412. — Les *paupières* (*fig.* 152), bordées par les cils, et qui « clignent » souvent, pour bien répandre à la surface le liquide qui recouvre le devant de l'œil et en balayer les poussières ;

413. — Les *muscles* qui, au nombre de six, réunissent le globe oculaire à l'orbite et lui permettent de se mouvoir dans différentes directions ;

414. — La *glande lacrymale*, située dans l'angle supérieur et extérieur de l'orbite, qui déverse sans cesse à la surface de l'œil un liquide salé, les *larmes*, qui le lubréfient, l'empêchent de se dessécher. Sous l'action d'une émotion pénible, les larmes sont sécrétées en plus grande abondance et s'écoulent au dehors en ruisselant sur les joues.

A l'état normal, une partie des larmes sécrétées peut s'écouler jusque dans les narines par un canal qui part de l'orbite et aboutit à ces dernières, le *canal lacrymal* (*fig.* 153). Quand la sécrétion des larmes est par trop grande, on est obligé pour cette raison de se moucher souvent : cela arrive par exemple au théâtre, où, aux moments pathétiques, le bruit fait par les personnes se mouchant couvre parfois la voix des acteurs.

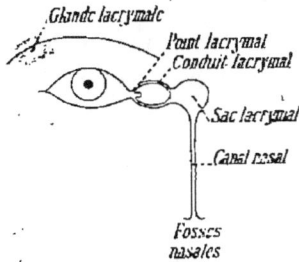

Fig. 153.— Schéma montrant comment les larmes peuvent s'écouler dans les narines.

§ 2. — Globe oculaire.

415. — Le *globe oculaire* (*fig.* 154), de forme arrondie, est logé dans l'orbite. En avant, il est séparé de l'extérieur par une membrane fine et transparente, la *conjonctive* [1] (*fig.* 152).

416. — Il est limité à l'extérieur par une membrane très résistante, la *sclérotique*.

---

1. Sous l'influence d'un courant d'air, la conjonctive peut s'enflammer, devenir rouge et causer des démangeaisons (*conjonctivite*).

417. — Celle-ci, à la partie antérieure, devient *transparente* et

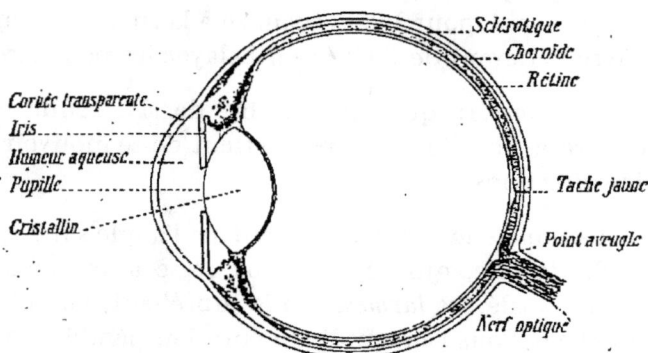

Fig. 154. — Globe oculaire coupé en long.

un peu bombée, pour constituer la *cornée transparente*, située immédiatement au-dessous de la conjonctive.

418. — Au-dessous de la sclérotique se trouve une deuxième membrane, la *choroïde*, remarquable par sa couleur noire.

419. — A la partie antérieure, la choroïde se continue avec *l'iris* ; c'est un disque arrondi et percé au centre d'un orifice, la *pupille*, qui, grâce aux muscles de l'iris, peut s'agrandir et se rétrécir suivant que la lumière n'est pas assez ou est trop intense. La couleur de l'iris (*fig.* 151) varie d'une personne à l'autre.

420. — Au niveau du pourtour de l'iris, mais un peu en arrière, la choroïde se renfle en un bourrelet circulaire, renfermant un muscle de même forme, le *muscle ciliaire*.

C'est dans cette partie épaissie qu'est enchâssé le *cristallin*, véritable lentille biconvexe, transparente comme du cristal [1], de consistance un peu molle.

---

1. Dans l'affection appelée *cataracte*, le cristallin devient opaque et l'œil presque aveugle. On peut cependant rendre la vue à ce dernier, en partie du moins, en se faisant enlever le cristallin par une opération chirurgicale ne présentant pas grande difficulté, et en portant ensuite des lunettes aux verres fortement biconvexes.

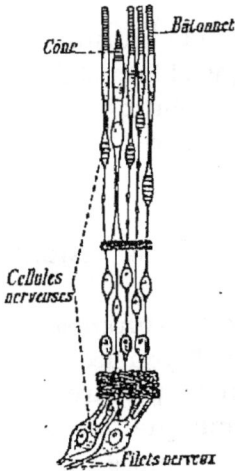

Fig. 155. — Petite portion d'une coupe de la rétine, vue à un très fort grossissement.

421. — Au-dessous de la choroïde se trouve une troisième membrane, la *rétine*, qui tapisse entièrement la cavité du globe oculaire, sauf au niveau du cristallin ; elle est colorée en rouge par le *pourpre rétinien*, qui l'imbibe. C'est la partie de l'œil qui perçoit la lumière, grâce aux cellules terminées par des *bâtonnets* où des *cônes* dont elle est formée et dont chacune est en relation, par diverses cellules, avec un filet nerveux venant du *nerf optique (fig.* 155). Ces bâtonnets sont insérés perpendiculairement à sa surface, mais tournés du côté de la choroïde.

422. — Le nerf optique pénètre dans l'œil en arrière, mais un peu à la partie inférieure, en traversant la sclérotique et la choroïde. La rétine est un *véritable épanouissement de ce nerf.* Le point où le nerf optique se continue avec la rétine est le *punctum cæcum* (c'est-à-dire le point aveugle) : les vibrations lumineuses ne sont pas perçues en effet à ce niveau. Au contraire, elles sont perçues avec le plus de netteté en un autre point, la *tache jaune*, située exactement au point où la ligne axiale du cristallin, rencontre la rétine. Ces deux taches sont bien visibles quand on regarde l'œil de face avec l'aide d'un appareil spécial appelé *ophtalmoscope*. On voit alors nettement sur le fond rouge de la rétine la *tache jaune*, reconnaissable

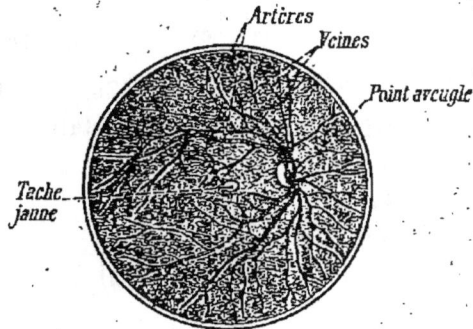

Fig. 156. — Fond de l'œil, tel qu'on le voit quand, à travers la pupille, on le regarde avec un appareil spécial, l'ophtalmoscope.

à sa couleur et le *point aveugle*, duquel partent de nombreuses ramifications d'artères et de veines (*fig.* 156).

423. — A signaler encore l'*humeur vitrée*, liquide transparent qui remplit tout l'espace compris entre la rétine et le cristallin, et l'*humeur aqueuse*, liquide non moins transparent qui remplit l'espace compris entre l'iris et la cornée.

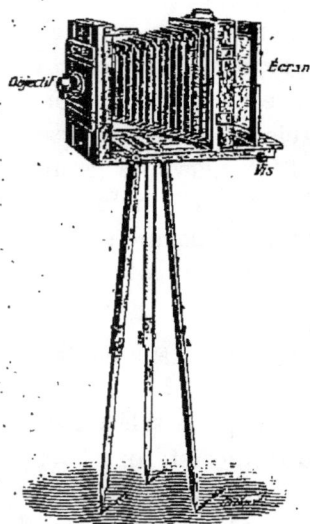

§ 3. — Physiologie de la vision.

424. — On sait que dans un appareil photographique (*fig.* 157) quelconque les images viennent se peindre sur la plaque photographique, grâce à la présence d'une lentille de verre (*oculaire*) qui les concentre en quelque sorte sur elle lorsque, par tâtonnements, on est parvenu à *mettre au point*. Pour obtenir le maximum de netteté, on met devant l'oculaire un *diaphragme* percé d'un orifice petit ou large, suivant que la lumière est trop ou pas assez intense.

Fig. 157. — Le fonctionnement de l'œil, quant à la formation des images, est analogue à celui d'un appareil photographique.

425. — Le fonctionnement de l'œil, ainsi qu'on peut le constater directement par l'expérience dite de Magendie (*fig.* 159), est identique à celui d'un appareil de photographie : le diaphragme correspond à l'*iris*, l'oculaire au *cristallin*, la plaque photographique à la *rétine*. C'est sur cette dernière que les

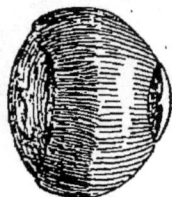

Fig. 159. — Expérience de Magendie : l'image de la bougie vient se peindre, renversée, sur le fond d'un œil dont on a remplacé une portion de la paroi postérieure par un verre bombé dépoli.

objets extérieurs viennent former leurs images, plus petites et renversées[1] (*fig.* 158).

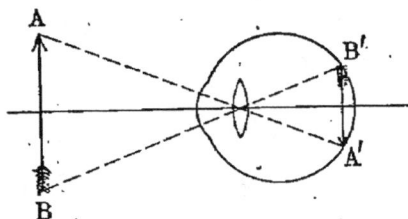

Fig. 158. — Formation des images sur le fond de l'œil.

426. — Avec l'œil à *l'état de repos* nous ne voyons les objets absolument nets que lorsqu'ils sont placés à une certaine distance de notre œil, supérieure à 15 centimètres environ.

427. — Si on les rapproche de l'œil à moins de 15 centimètres, ils ne sont plus vus nettement ; c'est pour cela que l'on donne à cette distance de 15 centimètres le nom de *distance minima de la vision distincte.*

428. — Au delà de cette distance, nous voyons les objets nettement, grâce au phénomène de l'*accommodation* qui est en quelque sorte la *mise au point* de l'appareil photographique qu'est notre œil.

429. — Cette accommodation est produite par le *muscle ciliaire* qui entoure le *cristallin* et qui, en se contractant ou en se relâchant, appuie sur ce dernier et le *force à se bomber* un peu plus ou un peu moins qu'à l'état de repos. Sous l'influence de ce mouvement, le foyer de la lentille cristallinienne change de *manière à toujours amener une image nette sur la rétine.*

430. — L'accommodation par le cristallin est rendue encore plus efficace par les mouvements de l'iris, qui ouvre ou ferme la pupille de la même façon que, dans un appareil photographique, on change le diaphragme.

431. — Les muscles extérieurs de l'œil font pivoter celui-ci jusqu'à ce que l'image visuelle vienne se peindre autant que

---

1. C'est sans doute par l'habitude que nous les voyons droites ; le phénomène n'a pas encore reçu d'explication.

possible sur la tache jaune, point qui, comme nous l'avons dit, est le plus sensible de la rétine.

432. — L'image peinte sur la rétine impressionne les *bâtonnets* et les *cônes*, et ceux-ci transmettent leurs impressions au cerveau par l'intermédiaire du *nerf optique*.

433. — La rétine apprécie à la fois la forme des objets et leur couleur. Ce n'est pas un instrument parfait, car il est suscepti-

Le carré noir paraît plus petit que le carré blanc, bien qu'il ait les mêmes dimensions.

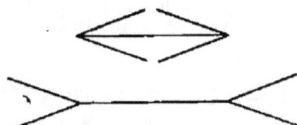

La ligne horizontale supérieure paraît plus courte que la ligne horizontale inférieure, bien qu'elle soit de même longueur.

Fig. 160. — Illusions d'optique.

ble de se tromper, ou comme on dit, de provoquer des *illusions d'optique*. Nous en représentons deux exemples (*fig.* 160).

434. — Les impressions reçues par la rétine ne disparaissent pas immédiatement ; elles persistent un certain temps et peuvent alors se superposer à de nouvelles. Notre figure 161 représente un exemple amusant de cette *persistance des impressions lumineuses*. Ce phénomène est en application dans le cinématographe.

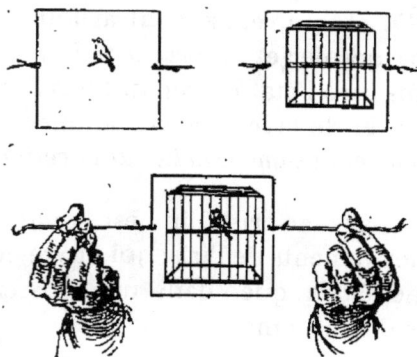

Fig. 161. — Expérience montrant la persistance des impressions lumineuses. Sur un petit carton, on dessine, au recto, un oiseau, et, au verso, une cage. En faisant tourner rapidement le carton autour de son axe, l'oiseau paraît être dans la cage.

§ 4. — Anomalies de la vision.

435. — Les anomalies de la vision sont très fréquentes ; on doit les connaître parce que peu de personnes en sont exemptes. Voici les principales :

436. — L'œil *myope* (*fig.* 162) est caractérisé par un globe oculaire *trop long* [1], ce qui a pour conséquence d'amener les images à se former, non sur la rétine, mais *en avant* d'elle ; cela les fait percevoir d'une manière vague, floue, surtout lorsqu'il s'agit d'objets placés au loin, par exemple un paysage que l'on veut contempler : les myopes ne voient bien que les objets vus de très près ; par exemple, pour lire, ils mettent leurs yeux à une très petite distance du texte.

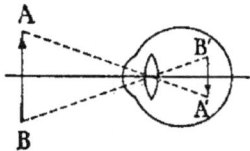

Fig. 162. — Schéma de la formation des images dans un œil myope.

437. — On corrige la *myopie* très facilement en portant un binocle ou des lunettes aux verres *biconcaves*, qui ramènent l'image exactement sur la rétine.

438. — L'œil *hypermétrope* est caractérisé par un globe oculaire *trop court* [2], ce qui a pour conséquence d'amener les images à se former, non sur la rétine, mais en *arrière* d'elle ; cela fatigue l'œil et fait percevoir l'objet d'une manière vague, floue, surtout lorsqu'ils se trouvent placés à courte distance ; par exemple un livre que l'on veut lire : les hypermétropes, dans ce cas, éloignent le livre le plus possible de leurs yeux.

439. — On corrige l'*hypermétropie* (*fig.* 163) en portant un binocle ou des lunettes aux verres *biconvexes*, qui amènent l'image exactement sur la rétine.

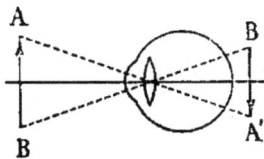

Fig. 163. — Schéma de la formation des images dans un œil hypermétrope.

440. — L'œil *presbyte* est un œil *fatigué*, où le *muscle ciliaire ne peut plus se contracter suffisamment* pour produire l'accommodation ;

---

1. Ou, ce qui amène un résultat identique, dont le cristallin est trop bombé.

2. Ou, ce qui produit un résultat identique, dont le cristallin n'est pas suffisamment bombé.

l'image visuelle, par suite, ne peut plus être amenée à se former sur la rétine, mais seulement en arrière d'elle.

441. — Au point de vue du résultat, par conséquent, les phénomènes sont les mêmes que pour l'œil hypermétrope [1], mais, comme on vient de le dire, la *cause est toute différente*.

442. — On corrige également la *presbytie* (fréquente chez les personnes âgées) en portant des binocles ou des lunettes aux verres *biconvexes*, surtout lorsqu'on cherche à voir nettement un objet rapproché, quand on veut lire par exemple.

443. — L'*œil astigmate* est un œil inégalement courbé suivant ses divers méridiens, ce qui fait percevoir les objets d'une manière *déformée*. On corrige l'astigmatisme avec des verres aux surfaces cylindriques.

444. — Les personnes atteintes de *daltonisme* confondent les couleurs, par exemple le vert avec le rouge. Cette affection incurable empêche ceux qui en sont atteints d'entrer dans l'administration des chemins de fer où les couleurs jouent un grand rôle dans les signaux.

§ 5. — Hygiène de la vue.

445. — Ne pas lire ou écrire de trop près. C'est en écrivant « le nez sur leur cahier » quand elles étaient jeunes, que la plupart des personnes myopes le sont devenues.

446. — Ne pas lire dans un endroit mal éclairé ou éclairé par une flamme vacillante (par exemple, celle d'une bougie), ce qui amène aussi la myopie.

447. — Ne se servir de binocle ou de lunettes que sur les indications précises d'un médecin oculiste, qui, seul, peut calculer le « numéro » qui convient.

---

1. Le public confond toujours pour cela la presbytie et l'hypermétropie et certains ouvrages même classiques font la même confusion. Il importe de l'éviter.

448. — Eviter la trop grande lumière réfléchie par le sable, comme sur certaines plages du midi ou en Afrique, ou par la neige, comme sur les glaciers alpins ; porter dans ce cas des verres bleus ou fumés.

449. — Eviter les courants d'air, qui provoquent des conjonctivites.

§ 6. — L'œil dans la série animale.

450. — Chez les *Oiseaux,* l'œil contient, à l'intérieur, une sorte d'écran, le *peigne,* qui modère l'impression de la lumière trop vive sur la rétine.

451. — Chez les *Poissons,* le cristallin est très bombé(*fig.* 164),

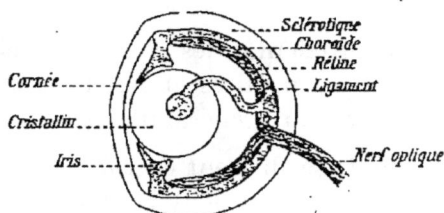

Fig. 164. — Œil de Poisson, coupé en long.

Fig. 165. — Œil composé d'un Insecte.

presque sphérique et réuni à la rétine par un ligament.

452. — Les *Insectes* et les *Crustacés* ont des *yeux composés* ou à *facettes* (*fig.* 165), c'est-à-dire qu'à la surface on voit une mosaïque, dont chaque élément correspond à un petit œil. Celui-ci d'ailleurs est très simple et formé d'une simple succession d'éléments transparents (cornée et cristallin) et d'éléments nerveux, noyés dans une matière rouge et en relation avec le nerf optique.

453. — Beaucoup d'animaux, les *Cœlentérés* par exemple, n'ont pas d'yeux, mais perçoivent néanmoins la lumière par leur peau : la preuve en est qu'ils se contractent quand on fait tomber sur eux un fort rayon lumineux.

DEUXIÈME PARTIE
LES ANIMAUX

CHAPITRE XV
CLASSIFICATION DES ANIMAUX

454. — La *classification* des animaux est la manière de les grouper suivant leurs ressemblances ; nous en donnons un tableau général aux pages 114 et 115. Nous avons déjà vu (n° 20) qu'on divise les animaux en huit *Embranchements* :

a) Les *Vertébrés* ;
b) Les *Mollusques* ;
c) Les *Articulés* (ou *Arthropodes*) ;
d) Les *Vers* ;

e) Les *Échinodermes* ;
f) Les *Cœlentérés* [1] ;
g) Les *Spongiaires* (ou *Éponges*) ;
h) Les *Protozoaires*.

455. — Les Mollusques, les Articulés, les Vers, les Échinodermes, les Cœlentérés [1], les Spongiaires et les Protozoaires sont quelquefois réunis sous le nom général d'*Invertébrés*.

456. — Ces embranchements se divisent en *classes*, puis en *ordres* et en *familles*. Celles-ci comprennent un certain nombre de *genres*, lesquels à leur tour se divisent en *espèces*.

457. — Quand on désigne *scientifiquement* un animal, il faut donner son nom de genre et son nom d'espèce. Exemples : l'Éléphant d'Afrique, le Zèbre rayé, le Pic-Vert commun, l'Huître portugaise.

Dans les ouvrages de zoologie pure, les noms des animaux sont en latin : *Carabus auratus* (Carabe doré), *Helix hortensis* (Escargot de jardin), *Cetonia morio* (Cétoine noire.) Dans ces désignations, le premier nom (*Carabus, Helix, Cetonia*) est celui du genre ; le deuxième (*auratus, hortensis, morio*), celui de l'espèce.

---

1. Quelquefois désignés sous le nom de *Polypes*.
Les Échinodermes, les Cœlentérés et les Éponges étaient autrefois réunis sous le nom de *Zoophytes* (c'est-à-dire animaux, plantes, parce que certains, le corail par exemple, ressemblent à des plantes) ou de *Rayonnés* (parce que leur corps forme généralement des rayons tout autour d'un point central).

EMBRANCHEMENTS	CLASSES	ORDRES	EXEMPLES
Vertébrés.	Mammifères.	Primates.	Singe.
		Chéiroptères.	Oreillard.
		Insectivores.	Taupe.
		Rongeurs.	Lapin.
		Carnivores.	Chat.
		Amphibies.	Phoque.
		Édentés.	Paresseux.
		Porcins.	Porc.
		Ruminants.	Bœuf.
		Proboscidiens.	Eléphant.
		Rhinocéros.	Rhinocéros.
		Solipèdes.	Cheval.
		Cétacés.	Baleine.
		Marsupiaux.	Sarigue.
		Monotrèmes.	Ornithorynque.
	Oiseaux	Palmipèdes.	Canard.
		Échassiers.	Grue.
		Gallinacés.	Poule.
		Colombins.	Pigeon.
		Passereaux.	Moineau.
		Grimpeurs.	Pic.
		Rapaces.	Aigle.
		Coureurs.	Autruche.
	Reptiles	Sauriens.	Lézard.
		Ophidiens.	Couleuvre.
		Chéloniens.	Tortue.
		Crocodiliens.	Crocodile.
	Batraciens		Grenouille.
	Poissons	Poissons osseux.	Hareng.
		Poissons cartilagineux.	Raie.

Mollusques.	Lamellibranches		Huître.
	Gastéropodes		Escargot.
	Céphalopodes		Pieuvre.
Articulés.	Insectes	Coléoptères.	Hanneton.
		Lépidoptères.	Ver à soie.
		Hyménoptères.	Abeille.
		Diptères.	Mouche.
		Hémiptères.	Phylloxéra.
		Orthoptères.	Grillon.
		Névroptères.	Libellule.
	Arachnides		Épeire.
	Myriapodes		Scolopendre.
	Crustacés.		Écrevisse
Vers	Vers libres		Ver de terre.
	Vers parasites.		Ver solitaire.
Échinodermes.			Oursin.
Cœlentérés.			Corail.
Spongiaires.			Éponge.
Protozoaires			Vorticelle.

CHAPITRE XVI

EMBRANCHEMENT DES VERTÉBRÉS.

***

458. — Les Vertébrés sont caractérisés par la présence dans leur corps d'un *squelette* osseux qui en forme la charpente. Ce squelette est plus ou moins compliqué, mais il y a toujours une *colonne vertébrale* (d'où leur nom).

459. — Leur système nerveux central (c'est-à-dire l'encéphale et la moelle épinière) est situé tout entier au-dessus du tube digestif lorsqu'on regarde l'animal avec sa face ventrale tournée vers le sol (voir *fig.* 133).

460. — La plupart ont *quatre membres* qui leur permettent de se déplacer.

Classification des Vertébrés.

461. — On divise les Vertébrés en cinq classes :

    a) Les *Mammifères* ;
    b) Les *Oiseaux* ;
    c) Les *Reptiles* ;
    d) Les *Batraciens* (ou Amphibiens) ;
    e) Les *Poissons*.

462. — On groupe quelquefois les Mammifères et les Oiseaux sous le nom d'*animaux à sang chaud ;* les Reptiles, les Batraciens et les Poissons, sous le nom d'*animaux à sang froid*, ou, plus exactement, à *température variable*, parce que leur température est plus ou moins basse suivant celle du milieu ambiant.

Les animaux à sang chaud produisent à la main qui les touche une sensation de *chaleur*, tandis que les animaux à sang froid donnent dans les mêmes conditions une sensation de *froid*. L'activité de la circulation du sang des premiers est plus grande que celle des seconds ; c'est ce qui cause leur différence de température.

CHAPITRE XVII

CLASSE DES MAMMIFÈRES

463. — Les Mammifères sont des Vertébrés à *sang chaud*, respirant par des *poumons*, recouverts de *poils*, pourvus de *mamelles*, et *vivipares*, c'est-à-dire ne pondant pas d'œufs.

464. — Les *poils* ont la même constitution générale que les cheveux de l'Homme (voir p. 92). Suivant leur forme, on leur donne les noms de *soies* (Porc), de *crins* (Cheval), de *laine* (Mouton), de *piquants* (Porc-Epic). Les Cétacés en paraissent dépourvus à l'état adulte, mais ils en possèdent lorsqu'ils sont très jeunes.

Ce sont les poils qui constituent les *fourrures* (Zibeline, Petit-Gris, Loutre, etc.).

465. — Les *mamelles* se trouvent sur la face ventrale des femelles ; elles sécrètent un liquide blanc, le *lait*, dont se nourrissent les jeunes animaux.

466. — Ce lait est formé de trois parties qui en font un *aliment complet* :

467. — Une *matière grasse* qui s'y trouve sous forme de très fines gouttelettes nageant dans le liquide, mais montant à la surface, quand on laisse celui-ci au repos, pour former la *crème*. On rassemble ces gouttelettes par le *barattage*, pour obtenir le *beurre ;*

468. — La *caséine*, matière albuminoïde liquide, qui, sous l'action de certains ferments, se coagule pour constituer le fromage ;

469. — Le *petit-lait*, formé surtout d'eau et d'un peu de sucre. Ce dernier est abondant dans le lait de Femme et dans le lait d'Anesse.

470. — Les Mammifères possèdent quatre membres locomoteurs qui varient suivant que l'animal marche (Chien), vole (Chauve-Souris), grimpe (Ecureuil), saute (Kanguroo) ou nage (Baleine).

471. — On les divise en quinze ordres :

1º Les *Primates ;*
2º Les *Chéiroptères* (ou *Chauves-Souris*) ;
3º Les *Insectivores ;*
4º Les *Rongeurs ;*
5º Les *Carnivores ;*
6º Les *Amphibies ;*
7º Les *Edentés ;*
8º Les *Porcins ;*
9º Les *Ruminants ;*
10º Les *Proboscidiens ;*
11º Les *Rhinocéros ;*
12º Les *Solipèdes ;*
13º Les *Cétacés ;*
14º Les *Marsupiaux ;*
15º Les *Monotrèmes.*

472. — Quelquefois on réunit les Primates, les Chéiroptères, les Insectivores, les Carnivores, les Amphibies, les Rongeurs et les Edentés, sous le nom collectif d'*onguiculés* parce que leurs doigts sont pourvus d'*ongles* ou de *griffes*.

Quant aux Porcins, aux Ruminants, aux Proboscidiens, aux Rhinocéros et aux Solipèdes, on les réunit sous le nom d'*ongulés*, parce que leurs doigts se terminent par une sorte d'ongle qui les coiffe au bout (comme le ferait un volumineux dé à coudre), le *sabot*.

C'est là une classification ancienne.

473. — Les Mammifères sont les uns *utiles* (Chauve-Souris, Hérisson, Musaraigne, Taupe, Mouton, Cheval, Bœuf, Ane, etc.); les autres *nuisibles* (Rat, Souris, Campagnol, Martre, Fouine, Putois, Renard, Loir, Lérot, Lion, Loup, Tigre, etc.).

§ 1. — Ordre des Primates.

474. — Les Primates sont des Mammifères pourvus de *mains* qui permettent de les diviser en deux groupes :

a) Les *Bimanes* ou *Hommes*, qui ont deux mains ;

b) Les *Quadrumanes* ou *Singes*, qui en ont quatre.

475. — **Bimanes** ou **Hommes.** — Les Bimanes ou Hommes sont caractérisés par :

a) Leur *station verticale* quand ils marchent ;

b) Leurs deux *mains* qui leur permettent de prendre sans difficulté les objets, parce que le *pouce* est très facilement *opposable* aux autres doigts ;

c) Leur *langage*, qui leur permet de se comprendre entre eux, parce qu'il est susceptible de former des mots ;

d) Leur *intelligence*, très supérieure à celle de tous les animaux.

476. — Ils se divisent en de très nombreuses *races*, dont les plus générales sont :

a) La *race blanche* (*fig.* 166) (peau blanchâtre, cheveux souples, barbe abondante, front large, yeux fendus horizonta-

Fig. 166. — Type de race blanche.

Fig. 167. — Type de race jaune.

lement, lèvres minces), que l'on trouve par exemple en France;

b) La *race jaune* ou *mongolique* (*fig.* 167) (peau jaunâtre, cheveux durs, barbe rare, yeux fendus obliquement, lèvres

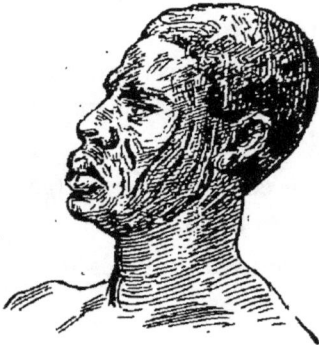
Fig. 168. — Type de race noire.

Fig. 169. — Type de race rouge.

épaisses, pommettes des joues saillantes), que l'on trouve par exemple en Chine ;

c) La *race noire* ou *éthiopique* (*fig.* 168) (peau noire ou brune, luisante, cheveux crépus et laineux, barbe peu fournie, front fuyant, nez écrasé, lèvres épaisses, pommettes des joues saillantes, mâchoire supérieure saillante en avant), que l'on trouve par exemple au centre de l'Afrique ;

d) La *race rouge* (*fig.* 169) (peau cuivrée, cheveux longs et durs, front étroit, pommettes saillantes), que l'on trouve encore aux Etats-Unis (Peaux-Rouges), mais d'où elle disparaît rapidement.

477. — **Quadrumanes ou Singes.** — Les Quadrumanes ou Singes possèdent quatre mains (*fig.* 170), c'est-à-dire qu'ils peuvent saisir les objets par l'extrémité de leurs quatre membres. Mais ces mains sont bien moins parfaites que celles de l'Homme, le pouce étant très court, *fort mal opposable,* et situé loin des quatre doigts : c'est avec ces derniers, à peu près seuls, en repliant leurs phalanges, que les Singes prennent les objets dont ils veulent se saisir. Les « mains » des pattes postérieures ressemblent beaucoup aux « pieds » de l'Homme. D'ailleurs, les singes en général marchent souvent en s'appuyant à la fois sur leurs mains postérieures et sur leurs mains antérieures.

Fig. 170. — A. Main ; B. Pied de l'Orang-outan.

478. — La plupart des Singes sont d'excellents grimpeurs : ils vivent sur les arbres et sont *frugivores,* c'est-à-dire se nourrissent de fruits, de bananes par exemple.

479. — Leur squelette présente beaucoup d'analogies avec celui de l'Homme, mais la poitrine est plus large et les bras plus longs (*fig.* 171), la face plus avancée (*fig.* 172).

480. — Leurs dents sont

Fig. 171. — Squelette de Chimpanzé.

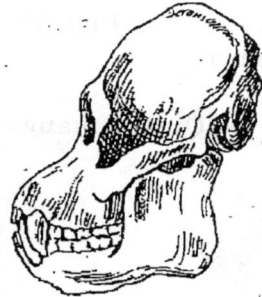

Fig. 172. — Crâne d'Orang-outan.

constituées comme celles de l'Homme. Certains ont de puissantes canines qui pourraient faire croire chez eux à un régime carnivore : il n'en est rien, ces puissants crocs leur servant seulement à briser les fruits et notamment les noix de coco dont ils se nourrissent avec grand plaisir.

481. — Certains possèdent une longue queue. D'autres n'en ont pas trace.

Il faut citer parmi les Singes :

482. — Les *Singes anthropomorphes* (c'est-à-dire à forme humaine), qui sont ceux se rapprochant le plus par leurs caractères de l'espèce humaine. La plupart marchent debout ou un peu inclinés en avant, quelquefois alors en s'appuyant sur leurs mains de devant, portées par des bras très longs. Leur visage rappelle un peu celui des races les plus laides parmi l'espèce humaine, mais en diffèrent toujours par le *prognathisme* (*fig.* 172), c'est-à-dire par ce fait que les mâchoires avancent beaucoup, ce qui donne à l'animal un aspect bestial. Aucun ne présente de queue.

C'est à ce groupe qu'appartiennent le *Chimpanzé* (forêts de la Guinée), remarquable par son intelligence ; le *Gorille* (forêts du Gabon), d'une force musculaire exceptionnelle ; l'*Orang-outan* (Bornéo), quelquefois appelé *Homme-des-Bois* (*fig.* 173).

483. — Les *Singes de l'ancien continent*, qui possèdent une queue plus ou moins courte et dont la partie postérieure du corps, souvent dénudée de poils, rouge et calleuse, porte

Fig. 173. — Orang-outan.

le nom de *callosités fessières*, à cause de son aspect. Ils marchent à quatre pattes et sont très rusés. Leurs dents sont comme celles de l'Homme, au nombre de 32. Certains possèdent des *abajoues*, c'est-à-dire des joues creuses qui leur permettent, quand ils sont à la maraude, d'y accumuler rapidement de la nourriture.

A citer parmi eux les *Macaques*, les *Guenons*, les *Cynocéphales* (*fig.* 174) (ainsi nommés à cause de la ressem-

Fig. 174. — Cynocéphales.

blance de leur tête avec celle d'un chien), qui se trouvent en Afrique. Une seule espèce, le *Magot*, se trouve en Europe, sur le rocher de Gibraltar, où, d'ailleurs, il n'y a que quelques exemplaires qu'il est défendu de chasser.

484. — Les *Singes du nouveau continent*, dont la queue est fort longue et *prenante*, c'est-à-dire susceptible de s'enrouler autour des branches des arbres (*fig.* 175). Leurs dents sont au nombre de 36. Leur intelligence est médiocre.

A citer : les *Sapajous*, les *Singes hurleurs*, les *Atèles*, qui, en raison de la dimension démesurée de leurs pattes et de leur queue, portent le nom de *Singes-Araignées*, les *Ouistitis*, chez lesquels les caractères des Singes ne sont pas très accentués.

Fig. 175. — Singe à queue prenante d'Amérique.

485. — Ces derniers forment le passage avec une petite classe voisine de celle des Singes, les *Lémuriens* ou *faux singes*, autrefois confondus avec eux. On les trouve à Madagascar et dans les îles de la Sonde.

§ 2. — Chéiroptères ou Chauves-Souris.

486. — Les Chéiroptères ou Chauves-Souris sont des Mammifères pourvus d'*ailes* sans plumes, qui leur permettent, malgré cela, de voler presque aussi bien que les Oiseaux.

Ces ailes sont constituées par un simple et mince *repli de la peau,* soutenu (comme l'étoffe d'un parapluie par les baleines)

Fig. 176. — Squelette de Chauve-Souris.

par les *quatre doigts de la main,* démesurément allongés dans ce but (*fig.* 176). Le pouce seul ne prend pas part à cet appareil mais se présente sous la forme d'un petit crochet placé sur le bord de l'aile.

487. — Les Chauves-Souris de nos pays se nourrissent d'insectes qu'elles chassent dès la tombée de la nuit : ce sont donc des animaux très utiles, contrairement à la croyance populaire qui les regarde comme des animaux mystérieux, malfaisants. Leurs dents sont naturellement en rapport avec leur régime alimentaire, c'est-à-dire qu'elles sont à peu près semblables à celles des Insectivores, avec des molaires hérissées de petites pointes.

488. — Elles passent la journée dans les creux des murs, les cavités des grands édifices, et n'entrent en activité qu'à la fin du jour (Chauves-Souris *crépusculaires*) ou à la nuit noire (Chauves-Souris *nocturnes*). Elles peuvent se diriger dans l'obscurité grâce à l'extrême sensibilité de leurs ailes et de leurs oreilles, dont le pavillon est souvent très grand.

Fig. 177. — Rhinolophe.

489 — En hiver, les Chauves-Souris s'accrochent par le pouce de leur main à une aspérité d'une grotte ou d'une autre cavité et *hivernent*, c'est-à-dire passent l'hiver sans manger et dans une immobilité complète.

Fig. 178. — Oreillard.

490. — A citer : le *Vespertilion*, le *Rhinolophe* (*fig.* 177), l'*Oreillard* (*fig.* 178) parmi les Chauves-Souris de nos pays, et le *Vampire* (*fig.* 179), parmi les Chauves-Souris d'Amérique. Ce dernier animal suce, pendant la nuit, le sang des animaux et des hommes endormis, en pratiquant dans la peau une très fine entaille à peine douloureuse.

Fig. 179. — Vampire.

§ 3. — Ordre des Insectivores.

491. — Les Insectivores sont des Mammifères se nourrissant d'Insectes : leurs molaires, dans le but de pouvoir broyer facilement ceux-ci, sont *hérissées de petites pointes*. Plusieurs d'entre eux sont *hibernants*, c'est-à-dire qu'ils passent l'hiver en dormant et sans manger, ce à quoi ils sont forcés à cause de l'absence de leur nourriture habituelle à cette époque de l'année.

492. — Le type le plus connu parmi les Insectivores est la *Taupe* (*fig.* 180) qui vit sans cesse sous terre, où elle creuse de très longues galeries : de place en place, elle rejette au dehors la terre de celles-ci sous forme de petits dômes appelés *taupinières*, au-dessous desquels il y a un système compliqué de chambres et de chemins souterrains. Elle est aidée dans ce tra-

Fig. 180. — Taupe commune.

vail de terrassier par ses membres antérieurs dont les mains sont très larges, plates, avec des ongles puissants, qui en font de véritables pelles. La Taupe, quoique possédant des yeux extrêmement petits, est aveugle parce que ses organes oculaires sont cachés sous la peau. La Taupe est utile en ce qu'elle mange beaucoup d'Insectes, mais elle est nuisible en ce que, sur son chemin, elle coupe beaucoup de racines et, de plus, dans les jardins, bouleverse les plates-bandes et les carrés bien alignés.

493. — Tous les autres Insectivores sont franchement utiles. Citons parmi eux le *Hérisson*, couvert de piquants sur le dos et s'enroulant en boule quand on le trouble et la *Musaraigne* (*fig.* 181), qui ressemble à une Souris, mais avec un museau plus allongé.

Fig. 181. — Musaraigne.

§ 4. — Ordre des Rongeurs.

494. — Les Rongeurs sont des Mammifères qui se nourrissent en *rongeant* diverses substances végétales. Leur dentition est caractéristique (Voir *fig.* 51) et ainsi constituée :

a) Les incisives sont *taillées en biseau* (*fig.* 182) de manière à couper facilement les morceaux des plantes dont ils se nourrissent. Cette disposition en biseau est due à ce que le devant de la dent est formé par un émail beaucoup

Fig. 182. — Incisives supérieures du Lièvre.

plus dur que celui de la face postérieure ; lorsque les incisives du haut frottent sur celles du bas, et réciproquement, *elles s'usent,* mais moins devant que derrière. Ces incisives sont à *accroissement continu,* ce qui leur permet, malgré leur usure, d'avoir toujours la même longueur. Lorsqu'une incisive vient accidentellement à se casser, celle qui lui fait vis-à-vis, ne s'usant plus, continue à grandir : elle sort de la bouche en se recourbant et finalement ne permet plus de se nourrir à l'animal, qui, ainsi, meurt de faim.

b) Il n'y a *pas de canines.* Elles sont remplacées par un espace sans dents, la *barre.*

c) Les *molaires* sont *plates* et semblables à des meules.

Les deux surfaces par lesquelles les deux mâchoires s'articulent sont disposées longitudinalement, de manière à permettre à ces dernières de fonctionner comme des limes, d'arrière en avant.

495. — A citer particulièrement parmi les Rongeurs, dont beaucoup sont des animaux nuisibles :

Le *Lapin* (fig. 183), qui vit à l'état sauvage (*Lapin de garenne*) et à l'état domestique. Avec ses poils on fabrique du feutre ; avec sa peau on imite beaucoup de fourrures plus chères ;

Le *Lièvre*, qui ne vit qu'à l'état sauvage, dont les pattes postérieures sont très développées et

Fig. 183. — Lapins de garenne.

lui permettent de faire des bonds. Il ne sait pas, comme le précédent, se creuser un terrier ;

L'*Écureuil* (*fig.* 184), à la queue très fournie. Il vit sur les arbres où il se construit des nids en forme de boule. Dans ces

Fig. 184. — Écureuils et leur nid.

derniers, il accumule pendant la belle saison des graines qu'il mange pendant l'hiver. Il est nuisible en ce qu'il mange beaucoup de semences d'arbres, mais il est si gentil qu'on ne cherche généralement pas à le détruire;

Fig. 185. — Cobayes.

La *Marmotte*, qui vit dans les montagnes. A la fin de l'automne, elle mange beaucoup de manière à devenir très grasse. L'hiver, elle se retire dans un trou de rocher et y hiverne sans bouger, mais en maigrissant petit à petit, parce que sa graisse est *résorbée* pour l'entretien de sa vie;

Le *Cobaye* ou *Cochon d'Inde* (*fig.* 185), très employé pour les expériences de physiologie;

Le *Rat*, les *Souris*, les *Mulots* (Souris des champs), les *Campagnols* (*fig.* 186) (Rats des champs), les *Loirs* dont les méfaits sont bien connus;

Le *Castor* (*fig.* 187), autrefois très abondant en France, aujourd'hui pres-

Fig. 186. — Campagnols.

que disparu. On ne le trouve plus guère qu'au Canada. C'est un animal. extraordinaire par l'industrie dont il fait preuve. Outre des *hutles* de branchages, il sait construire, avec des troncs d'arbres, de vé-

Fig. 187. — Castors abattant des arbres pour construire une digue.

ritables *digues* dont il barre les rivières pour en élever le niveau.

§ 5. — Ordre des Carnivores.

496. — Les Carnivores sont des Mammifères se nourrissant surtout de la chair d'animaux vivants, qu'ils ne peuvent généralement se procurer que de haute lutte, ce qui les oblige à être *agiles* et *forts*.

497. — Leur dentition (voir *fig.* 52) suffit à les caractériser :

a) Les *incisives* sont petites ;

b) Les *canines* (ou *crocs*) sont puissantes, longues, crochues, et contribuent à donner à quelques-uns d'entre eux un aspect terrifiant ;

c) Les *molaires*, au lieu d'être aplaties en meules comme chez la plupart des autres Mammifères, sont *coupantes* : l'une d'elle, appelée la *carnassière*, se distingue généralement de ses voisines par sa taille plus forte ; elle se croise avec celle de la mâchoire opposée en formant comme les deux branches d'une paire de ciseaux.

498. — On divise les Carnivores en deux sous-groupes : les **Digitigrades**, qui marchent sur le bout des doigts et les **Plantigrades**, qui marchent sur la plante des pieds.

499. — Parmi les Digitigrades, il convient de citer particulièrement les *Félins*, caractérisés par leur allure souple et surtout par la présence, au bout des pattes, d'*ongles puissants* et *rétractiles* (*fig.* 188). Cette dernière épithète signifie qu'à l'état ordinaire, ils sont, grâce à un ligament spécial, relevés

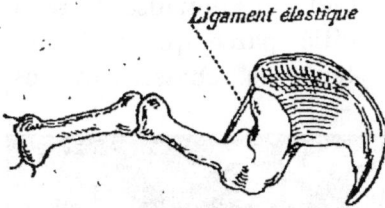

Ligament élastique

Fig. 188. — Griffe rétractile du Lion.   Fig. 189. — Lion.

vers le haut (on dit alors que l'animal fait *patte de velours* parce que les griffes, cachées dans les poils, ne se sentent pas), de manière à ne pas s'user pendant la marche. Ces griffes s'abaissent quand l'animal veut s'en servir : c'est son arme la plus importante. C'est parmi les Félins que prennent place : le *Lion* (*fig.* 189), dont le mâle seul est pourvu d'une crinière

(Afrique et Asie occidentale) ; le *Tigre* (*fig.* 190), remarquable par ses rayures noires (Asie) ; la *Panthère*, le *Jaguar*, le *Lynx*, le *Chat* qui vit à l'état sauvage dans quelques forêts et qui, domestique, est l'animal si gracieux que

Fig. 190. — Tigre.

tout le monde connaît.

500. — A citer encore parmi les autres Digitigrades : l'*Hyène* (*fig.* 191), qui se nourrit de cadavres plus ou moins décomposés (Afrique) ; le *Putois* (*fig.* 192), le *Furet*, la *Belette*, la *Martre* (*fig.* 193), que les gardes-chasse réunissent sous le nom de *bêtes puantes* (à cause de leur odeur désagréable) et détruisent sans pitié parce qu'ils dévastent les chasses et les

Fig. 191. — Hyène rayée.

Fig. 192. — Putois.

Fig. 193. — Martre.

poulaillers ; la *Loutre*, dont les pattes sont palmées pour lui permettre de nager; le *Loup*, qui, heureusement, devient chez nous de plus en plus rare; le *Renard*, remarquable par sa ruse, qui s'introduit souvent dans les basses-cours et y cause des dégâts considérables; enfin_le *Chien*, dont il existe de nombreuses races et qui, à notre voisinage, est devenu si intelligent et si sympathique.

501. — Parmi les Plantigrades, il faut citer le *Blaireau*, dont les poils servent à faire des pinceaux; les *Ours blancs*, qui

Fig. 194. — Ours brun.

vivent dans les glaces du pôle, où ils se nourrissent de poissons ; les *Ours bruns* (*fig.* 194), qui vivent dans quelques-unes de nos montagnes et qui mangent surtout des fruits et des bourgeons.

§ 6. — Ordre des Amphibies.

502. — Les Amphibies peuvent être considérés comme des Carnivores adaptés à la vie dans l'eau. Ils ont la même dentition que ces derniers et se nourrissent de gros poissons. Leurs pattes de devant sont courtes et transformées en palettes, en nageoires. Les pattes de derrière sont aussi des rames; elles sont rejetées dans le sens de la grande longueur du corps. Ils sont couverts de poils collés entre eux par l'eau qui les mouille sans cesse. Leur corps est cylindrique et très gros.

503. — Ils vivent dans les mers froides, soit en se traînant péniblement sur le rivage, soit en nageant dans l'eau et venant de temps à autre respirer à la surface.

504. — A citer : les *Phoques*, les *Otaries*, les *Morses* (*fig.* 195).

Fig. 195. — Morse.

Chez ces derniers, les canines supérieures sortent de la bouche sous forme de *défenses* ; grâce à cette arme, ils attaquent les barques des pêcheurs qui les poursuivent et les font quelquefois chavirer.

§ 7. — Ordre des Édentés.

505. — Les *Édentés* sont des Mammifères étranges. Chez eux, la dentition est très rudimentaire : les incisives font défaut et toutes les autres dents se ressemblent[1]. Ce n'est qu'exceptionnellement que toutes les dents manquent.

---

[1] On ferait donc mieux de les appeler les *Maldentés*, au lieu de les désigner sous le nom d'*Édentés*, ce qui fait croire qu'ils n'ont jamais de dents.

Leurs ongles sont généralement très développés.

Ce sont des animaux stupides ; on, les désignait d'ailleurs autrefois sous le nom de *Brutes*.

506. — A citer parmi les Edentés : le *Fourmilier* (*fig.* 196),

Fig. 196. — Fourmilier (taille d'un Epagneul).

qui capture avec sa langue gluante les Fourmis dont il se nourrit ; le *Talou*, recouvert d'écailles dures et pouvant se rouler en boule ; le *Pangolin* (*fig.* 197), au corps garni d'écailles imbriquées comme les tuiles d'un toit ; le *Paresseux* qui reste des journées entières suspendu aux branches par ses ongles en crochet.

Fig. 197. — Pangolin.

§ 8. — Ordre des Porcins.

507. — Les Porcins ont à chaque patte *quatre doigts* terminés par des *sabots*, mais ils ne marchent que sur les deux du milieu (*fig.* 198).

508. — Leurs canines sont très développées en forme de *défenses*.

509. — A citer : le *Porc* (*fig.* 199), dont l'aspect est si disgracieux, mais dont toutes les parties sont utilisables, surtout les parties graisseuses (*lard*), la chair (que l'on doit

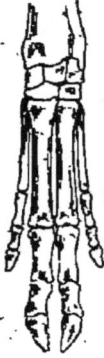

Fig. 198. — Sque-
lette de la patte
du Porc.

Fig. 199. — Porc périgourdin.

cuire fortement pour détruire les parasites — la Trichine et le Ver solitaire notamment — qu'elle peut contenir), les boyaux,

Fig. 200. — Sanglier.

très employés en charcuterie, les soies dont on fait des brosses ; le *Sanglier* (*fig.* 200), animal sauvage, ancêtre sans doute du précédent, et qui a comme lui, un *groin* ; l'*Hippopotame*, animal massif qui se trouve dans les rivières du centre de l'Afrique.

§ 9. — Ordre des Ruminants.

510. — Les Ruminants constituent un ordre très important par le grand nombre d'espèces qu'il comporte ; ils sont nettement caractérisés par quatre particularités :

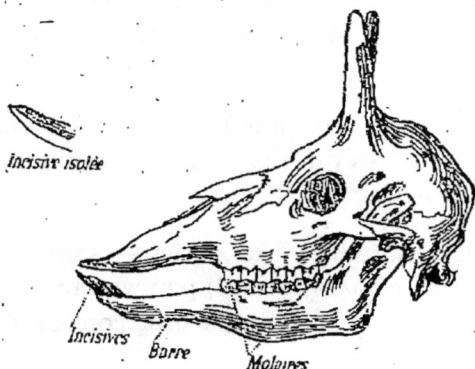

Fig. 201. — Tête de Ruminant *(Antilope)*.

511. — Leurs *dents* (*fig.* 201) comprennent des *incisives* (*seulement à la mâchire inférieure*) aplaties comme des pelles ; *pas de canines* ; des *molaires massives* comme des meules et dont la surface triturante est renforcée par des *plis d'émail*.

512. — Leur *estomac* (*fig.* 202) est *composé*, c'est-à-dire formé de quatre poches : la *panse*[1], le *bonnet*, le *feuillet* et la *caillette*. Les trois premières poches de cet estomac jouent plutôt le rôle de réservoir ; seule la caillette est l'estomac où s'opère la digestion, car c'est elle qui contient le suc agissant sur les matières

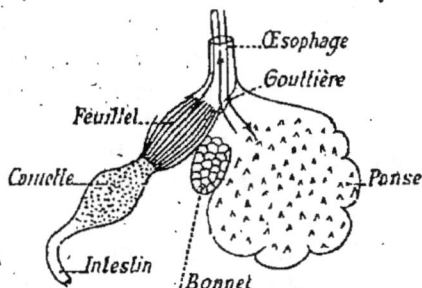

Fig. 202. — Estomac d'un Ruminant.

---

1. C'est cette panse que l'on mange sous le nom de « gras-double ».

albuminoïdes et que, chez le jeune Veau, on désigne sous le nom de *présure*.

513. — Les Ruminants avalent beaucoup de nourriture, des herbes, et l'accumulent dans leur estomac, la panse notamment. Puis, lorsqu'ils sont au repos, de petites masses de nourriture *remontent dans la bouche* où elles sont mastiquées à nouveau avant de redescendre dans la caillette où elles sont alors digérées : c'est à ce phénomène que l'on a donné le nom de *rumination*.

514. — Leur intestin est beaucoup plus long que celui des Carnivores parce que les matières que digèrent les Ruminants sont *plus longues à être absorbées*.

515. — Les membres locomoteurs — les pattes — sont terminés par *deux doigts* (*fig.* 203) pourvus au bout de deux *sabots* : les Ruminants ont, comme on dit, les *pieds fourchus*.

516. — Certains Ruminants possèdent des *cornes* qui appartiennent à deux types différents :

517. — Les *cornes persistantes*, qui persistent toute la vie sur la tête de l'animal, comprenant, à l'intérieur un *axe osseux*, prolongement du crâne (*fig.* 201) et, à l'extérieur, un *étui corné* plus ou moins épais. Exemple : le Bœuf ;

Fig. 203. — Squelette de la patte d'un Ruminant.

518. — Les *cornes caduques*, qui tombent tous les ans, comprennent surtout un axe osseux, plus ou moins ramifié, prolongement des os du crâne, dont il se détache à un moment de l'année. La peau qui recouvre cet os est d'abord poilue, puis un peu cornée et tombe rapidement sous forme d'écailles irrégulières. Exemple : le Cerf.

519. — A citer parmi les Ruminants :

Le *Taureau* et le *Bœuf*, dont l'importance est si grande dans notre alimentation et qui est aussi très utilisé pour traîner la charrue et les chariots. La *Vache* (*fig.* 204) est la femelle du Taureau ; c'est elle qui nous fournit le *lait*. Le *Veau* est un jeune Bœuf ; sa viande est moins nourrissante mais plus agréable que celle de ce dernier ;

Fig. 204. — Vache.

Le *Buffle* (*fig.* 205), dont la corne est très employée pour différents petits objets de luxe ;

Le *Bison*, aujourd'hui presque disparu de l'Amérique du Nord où, il n'y a pas bien longtemps, il formait des troupeaux immenses ;

Le *Cerf*, dont le front est orné de cornes ou *bois*, qui tombent tous les

Fig. 205. — Buffle.

ans et qui sont d'autant plus ramifiées [1] que l'animal est plus vieux (*fig.* 206). La femelle du Cerf est la *Biche* (elle n'a pas de cornes) et le petit, le *Faon* ;

Le *Chevreuil* et le *Daim*, animaux de chasse ;

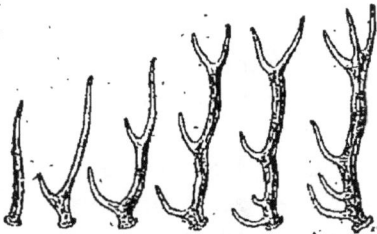

Fig. 206. — Bois de Cerfs de différents âges.

1. Chacune des branches porte le nom de *cor* ou d'*andouiller* ; elles permettent de savoir l'âge de l'animal, qui porte le nom de *tri-cors* (s'il a trois ans), de *dix-cors* (s'il a dix ans), etc.

Le *Renne* (*fig.* 207), domestiqué dans les régions polaires du Nord, où on l'attelle aux traîneaux et où son lait et sa viande sont très appréciés ;

Fig. 207. — Renne.

Le *Mouton* (*fig.* 208), dont la chair est si appréciée chez nous et dont la *laine* sert à faire, divers tissus et objets

Fig. 208. — Mouton.

Fig. 209. — Girafe.

de bonneterie. Certaines races ne possèdent pas de cornes ;

La *Chèvre*, qui, quoique très sobre, donne un lait très nourrissant ;

Les *Antilopes*, qui forment des troupeaux immenses, vivant à l'état sauvage surtout en Afrique ;

Les *Chamois* qui vivent dans les parties les plus élevées des Alpes ;

La *Girafe* (*fig.* 209), remarquable par son très long cou qui lui permet d'atteindre pour se nourrir les feuilles des palmiers ;

Fig. 210. — Chameau.

Le *Chameau* (*fig.* 210), au dos pourvu de *deux bosses*, qui est la providence des habitants des déserts ; il n'a pas de cornes ;

Le *Dromadaire*, qui n'a qu'une bosse ;

Le *Lama*, dont une variété possède un poil apprécié avec lequel on fabrique l'*alpaca* (ou alpaga).

§ 10. — Ordre des Proboscidiens.

520. — Les Proboscidiens ou Eléphants sont des Mammifères de très grande taille, au nez allongé en une longue trompe (*fig.* 212) qui leur sert à prendre leur nourriture, aux membres massifs terminés par cinq doigts courts et épais, munis chacun d'un sabot. Les deux incisives de la mâchoire supérieure sortent de la bouche pour former deux *défenses* : c'est de celles-ci que nous tirons l'ivoire. Il y a en outre à chaque mâchoire deux molaires énormes (une de chaque côté) dont la surface masticatrice présente des replis d'émail. Les Éléphants se nourrissent de matières végétales, d'herbes et de branches d'arbres surtout. Leur peau est très épaisse (4 centimètres).

521. — On en distingue deux espèces : l'*Éléphant d'Asie*, aux oreilles petites, qui est domestique dans l'Inde où il sert surtout au transport ; l'*Éléphant d'Afrique* (*fig. 212*), qui vit à l'état sauvage dans les forêts du centre de l'Afrique et facilement reconnaissable à ses énormes oreilles plates.

Fig. 211. — Tête d'Éléphant d'Asie.

522. — Les Éléphants sont des animaux d'une intelligence

Fig. 212. — Éléphant d'Afrique.

remarquable, qui brille dans leurs petits yeux.

§ 11. — Ordre des Rhinocéros.

523. — Les *Rhinocéros* (*fig.* 213) sont quelquefois réunis aux Éléphants sous le nom de *Pachydermes*, ainsi nommés à cause de l'épaisseur {de leur peau. Ils en diffèrent par leurs pattes terminées par trois doigts (au lieu de cinq).

Fig. 213. — Rhinocéros.

524. — A citer : le *Rhinocéros*, dont le dessus du nez est orné d'une puissante corne, placée sur la ligne médiane, et le *Tapir*, dont le nez se prolonge en une toute petite trompe (*fig.* 214).

Fig. 214. — Tapir.

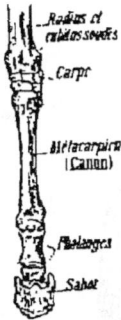

Fig. 215. — Pied de Cheval.

§ 12. — Ordre des Solipèdes.

525. — Les *Solipèdes* ne possèdent à chaque patte (*fig.* 215) qu'*un seul doigt* terminé par un *sabot* corné qui le coiffe, lequel sabot n'est qu'un ongle transformé. (Pour éviter l'usure de ce sabot, on y cloue un « fer ».) Les os du métacarpe sont soudés en une masse unique, *l'os canon.*

526. — L'estomac des Solipèdes est *simple* : ce ne sont donc pas des Ruminants bien qu'ils se nourrissent des mêmes matières alimentaires qu'eux ; ils en diffèrent d'ailleurs par les doigts qui, chez les Ruminants, sont en nombre pair.

527. — Les dents (*fig.* 216) comprennent : six *incisives* dont le degré d'usure permet d'apprécier *l'âge* des chevaux ; deux *canines*, petites et manquant souvent ; douze *molaires* dont les surfaces masticatrices présentent

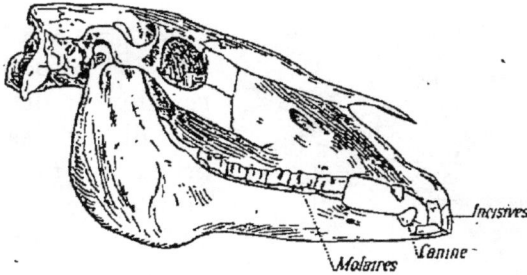

Fig. 216. — Crâne de Cheval.

des replis, des collines d'émail. Entre les incisives et les canines, il y a un espace libre, la *barre*, qui permet d'y mettre un *mors*.

Fig. 217. — Cheval.

528. — A citer : le *Cheval* (*fig.* 217), dont il existe plusieurs races et qui nous rend tant de services[1] ; l'*Ane* (*fig.* 218), qui en diffère par ses longues oreilles, sa crinière non pendante sur le cou, sa queue terminée seulement au bout par une touffe de poils ; le *Mulet*, intermédiaire entre les deux précédents et, grâce à la sûreté de son pied, très utile dans les régions montagneuses ; le *Zèbre*, remarquable par ses rayures noires, qui vit dans l'Afrique méridionale et qui est domesticable.

Fig. 218. — Ane.

§ 13. — Ordre des Cétacés.

529. — Les *Cétacés* vivent constamment dans l'eau, mais viennent de temps à autre respirer à la surface.

Fig. 219. — Baleine et son petit baleineau.

530. — Leur corps (*fig.* 219) est allongé comme celui des

---

1. Les poils de sa queue constituent le *crin*.

Poissons ; mais il est facile de les distinguer de ces derniers en ce que, chez les Cétacés, le corps se termine par une queue *horizontale*, tandis que chez les Poissons il se termine par une queue *verticale*.

531. — Les membres antérieurs sont courts et transformés en palettes servant à nager. Les membres postérieurs font entièrement défaut contrairement à ce qui a lieu chez les Amphibies.

532. — La peau est nue chez l'adulte, mais recouverte de quelques poils chez le jeune animal.

533. — La bouche est généralement grande, tantôt pourvue de dents toutes semblables entre elles (Cachalot), tantôt garnie de grandes lames cornées, connues sous le nom de *fanons* ou de *baleines* et utilisées dans les vêtements féminins.

534. — Les Cétacés pourvus de dents se nourrissent de Poissons et surtout de divers Mollusques céphalopodes, tels que les Pieuvres et les Seiches. Ceux pourvus de fanons, malgré leur taille gigantesque, ne mangent que des êtres presque microscopiques, (*fig*. 220) que l'eau de mer abandonne dans leur bouche en passant au travers de leurs fanons jouant ainsi le rôle de crible ou de filtre.

Fig. 220. — Ce que mangent les Baleines, vu à un fort grossissement.

535. — Les Cétacés respirent par des poumons. La température de leur corps étant très élevée, l'air expiré, fortement chargé de vapeur d'eau, abandonne celle-ci dans l'air sous forme de nuage : on croyait autrefois que celui-ci était un jet d'eau.

536. — A citer :

La *Baleine*, qui peut atteindre une vingtaine de mètres de long et que l'on trouve surtout dans les mers froides. On la chasse beaucoup, non seulement pour ses fanons, mais aussi pour sa graisse ;

Fig. 221. — Cachalot.

Le *Cachalot* (*fig.* 221), qui est encore plus gros que la Baleine. Sa tête présente une forte bosse remplie d'une matière grasse, le *blanc de Baleine*, avec laquelle on fait des bougies de luxe ;

Fig. 222. — Dauphins.

Les *Dauphins* (*fig.* 222) et les *Marsouins*, petits Cétacés assez communs sur nos côtes.

§ 14. — Ordre des Marsupiaux.

537. — Les *Marsupiaux* ont sous le ventre une poche
(*fig.* 223) formée par un repli de la peau, où les petits passent
les premiers mois de leur existence et où, un peu plus tard,
ils se réfugient quand un danger les menace. Cette poche est
soutenues par des os spéciaux,
les *os marsupiaux*, qui s'insè-
rent sur le bassin (*fig.* 224).
Les petits naissent incomplè-
tement formés.

Os marsupial...

Fig. 223. — Pétrogale.   Fig. 224. — Squelette d'un Marsupial.

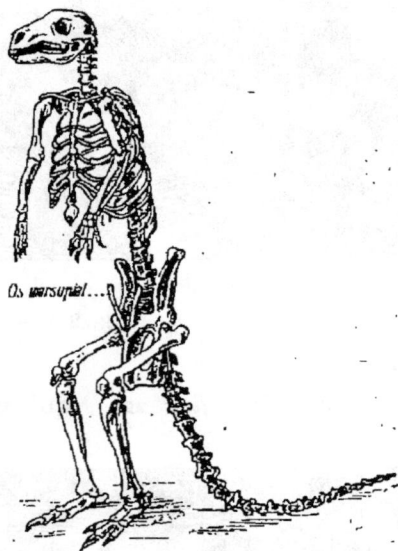

538. — Presque tous, par exemple le *Pétrogale* et le
Kangourou, si curieux par ses cuisses volumineuses qui
lui permettent de faire des bonds énormes, habitent
l'Australie ; la *Sarigue* (*fig.* 225) vit en Amérique. Chez cette
dernière, les petits, une fois sortis de la poche ventrale,

grimpent sur leur mère et se cramponnent à sa queue, par

Fig. 225. — Sarigue.

la leur qui est *prenante*.

§ 15. — Ordre des Monotrèmes.

539. — Les Monotrèmes sont de singuliers animaux qui diffèrent de tous les autres Mammifères en ce qu'ils pondent des œufs. Tous vivent en Australie.

Fig. 226. — Ornithorhynque.

Fig. 227. — Échidné.

540. — A citer : l'*Ornithorhynque* (*fig.* 226), pourvu d'un bec de canard et de pattes palmées et l'*Échidné* (*fig.* 227, couvert de piquants et pourvu d'un long bec aminci.

CHAPITRE XVIII

CLASSE DES OISEAUX

541. — Les Oiseaux sont des *Vertébrés à sang chaud, couverts de plumes, dépourvus de dents, pondant des œufs et pouvant,* pour la plupart, *voler dans l'air*.

542. — Les *plumes* (*fig.* 228) sont des productions cornées analogues aux poils, c'est-à-dire prenant naissance dans la peau. Chacune d'elles présente généralement une partie médiane, solide, creuse, la *hampe* ou *tuyau*, qui porte à droite et à gauche des *barbes*, lesquelles sont à leur tour munies de *barbules* ou crochets qui se cramponnent les uns aux autres. Le tout est très léger et très élastique. Le *duvet* est constitué par des plumes sans hampe et aux barbes très fines.

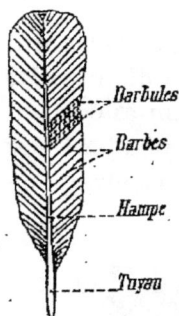

Fig. 228. — Schéma d'une plume d'Oiseau.

Barbules

Barbes

Hampe

Tuyau

543. — Les Oiseaux sont dépourvus de dents. Leur bouche est simplement munie d'un bec corné, généralement très dur. La langue est également souvent dure et cornée.

544. — Le tube digestif (*fig.* 229) comprend successivement : l'*œsophage*, présentant une poche, le *jabot*, où l'oiseau met de la nourriture en réserve ; le *ventricule succenturié*, qui est le véritable estomac chimique ; le *gésier*, estomac très musculeux, qui, en se contractant, écrase et triture les aliments[1] ; l'*intestin*, présentant deux *cæcums ;* enfin le *cloaque* par où sortent également les œufs et l'urine (laquelle est en partie solide).

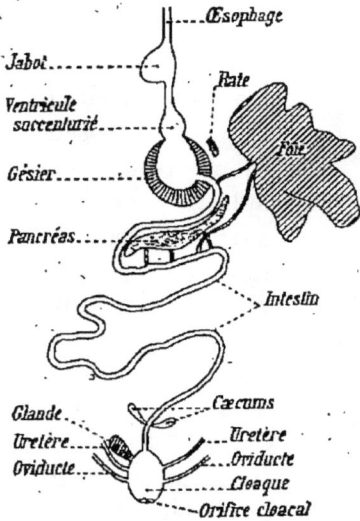

Fig. 229. — Tube digestif d'un Oiseau.

545. — L'appareil circulatoire est construit à peu près comme celui de l'homme. La circulation est très active : aussi la température du corps des Oiseaux est-elle souvent de plus de 40°.

546. — Les Oiseaux respirent par des poumons se trouvant dans le thorax, mais émettant entre tous les organes des prolongements très minces, les *sacs aériens* (voir *fig.* 94), dont le but est de faciliter le vol.

547. — L'appareil vocal des Oiseaux, le *syrynx* (*fig.* 230), ne se trouve pas, comme chez nous, à la partie supérieure de la trachée, mais à la *partie inférieure* de celle-ci, là où elle se divise pour former les deux bronches.

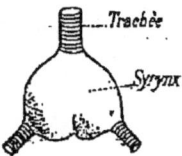

Fig. 230. — Le syrynx des Oiseaux chanteurs.

548. — Le squelette (*fig.* 231) est formé d'*os creux* ou *pneumatiques*, dont la cavité est en relation avec les sacs aériens (*fig.* 94).

---

1. Pour faciliter cette trituration, les Oiseaux avalent souvent de petits cailloux qui s'accumulent dans le gésier et y jouent le rôle de meules.

Il présente, comme principales particularités, d'avoir : *a*) un sternum muni d'une carène médiane, le bréchet ; *b*) des membres antérieurs transformés en *ailes* et possédant seulement trois doigts aplatis, dont l'un surtout est bien développé ; *c*) des membres postérieurs ou *pattes*, dont les métatarsiens sont soudés.

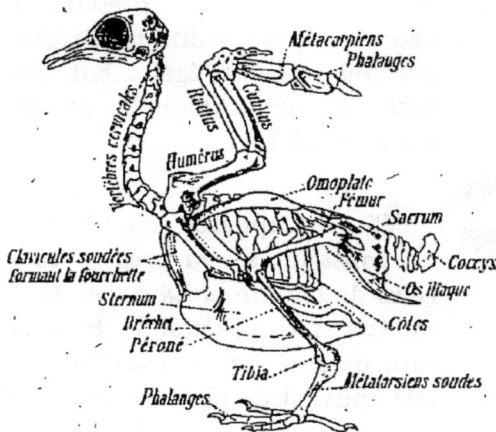

Fig. 231. — Squelette d'un Oiseau.

549. — La peau des ailes est couverte de grandes plumes (*rémiges*). La distance qui sépare les bouts des deux ailes étendues est l'*envergure;* celle-ci est d'autant plus grande que l'Oiseau vole mieux, est meilleur « voilier ».

550. — Les Oiseaux sont *ovipares*, c'est-à-dire pondent des œufs. Un œuf de Poule (*fig.* 232) comprend, de l'extérieur à l'intérieur : 1° une *coquille*, de nature calcaire ; 2° une fine peau, la *membrane coquillière* qui, en un point, s'éloigne un peu de la coquille pour former la chambre à air ; 3° le *blanc*, substance très nourrissante, de nature albuminoïde ; 4° le *jaune*, également très nourrissant, présentant en un point une tache, le *germe* qui, peu à peu, devient un petit Oiseau. Celui-ci, au fur et à mesure de sa formation, se développe aux dépens du jaune et du blanc. Cette transformation ne se produit que si l'on donne à l'œuf une chaleur

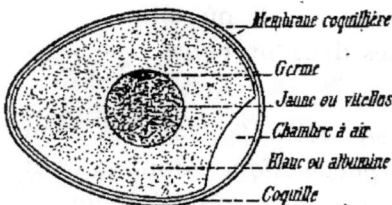

Fig. 232. — Œuf de Poule.

suffisante : la mère la lui procure en le *couvant*, c'est-à-dire en restant sur lui pendant un temps variant d'une espèce à l'autre (l'*incubation* est par exemple de 21 jours chez la Poule, 25 chez le Canard, 18 chez le Pigeon). Quand le jeune Oiseau est complètement formé, il brise la coquille et « éclot ».

On peut aussi mettre les œufs dans une *couveuse artificielle* régulièrement chauffée : la chaleur suffit à les faire éclore.

551. — La plupart des Oiseaux construisent des nids (*fig.* 233) soit à terre, soit dans les arbres ; ces nids sont des merveilles d'architecture [1].

552. — Beaucoup d'Oiseaux ne restent pas toute l'année au même endroit : ils sont *migrateurs ;* c'est ainsi que les Hirondelles nous quittent à l'automne pour aller en Afrique, d'où elles nous reviennent au printemps.

Fig. 233. — Un nid d'Oiseau.

D'autres, par exemple le Moineau et le Rouge-gorge, ne nous quittent jamais : ils sont sédentaires.

553. — Les Oiseaux sont tantôt utiles à l'agriculture, en détruisant des Insectes, tantôt nuisibles en mangeant des graines ou, comme les Pies et les Aigles, du gibier et même quelquefois des animaux domestiques. Voici l'énumération des espèces les plus répandues chez nous, d'après un document officiel récemment publié.

---

1. On en trouvera une longue description dans notre ouvrage : *Les Arts et Métiers chez les animaux*. Vuibert et Nony, édit.

Rapaces nocturnes :

Chevêche et Chevêchette.
Chouette (*fig.* 234).
Hulotte ou Chat-Huant.
Effraie commune.
Hibou brachyotte ou Moyen-Duc.
Scops d'Aldrovande ou Petit-Duc.

Fig. 234. — Chouette effraie.

Grimpeurs :

Pics (*fig.* 235) et toutes les autres espèces.

Types voisins :

Rollier ordinaire.
Guêpier.

Fig. 235. — Pic.

Fig. 236. — Martinet.

Passereaux :

Huppe vulgaire.
Grimpereau, Trichodrome, Sitelle.
Martinet (*fig.* 236).
Engoulevent.
Rossignol (*fig.* 237).
Gorge-bleue.
Rouge-queue.
Rouge-gorge.
Traquet.
Accenteur.

Fig. 237. — Rossignol.

utiles.

Passereaux (*suite*) :

Fig. 238. — Lavandière.

Fauvettes { Fauvette ordinaire.
»   babillarde.
»   ictérine.
»   aquatique.
»   cisticole.
Rousserole.
Phragmite.
Locustelle.

Pouillot, Roitelet et Troglodyte.

Lavandière (*fig.* 238) et Berge-
ronnette.

Mésanges { Parus.
(*fig.* 239) Panurus.
Orites.

Fig. 239. — Mésange.

Gobe-mouches.
Hirondelles de toutes sortes.
Pipit.
Bec-croisé (*fig.* 240).

Venturon
et Serin.
Chardon-
neret.
Tarin.
Étourneau.
Martin.

Fig. 240. — Bec-croisé.

Fig. 241. — Cigognes.

Échassiers : Cigognes (*fig.* 241)
blanche et noire.

Fig. 242. — Aigle.

Fig. 243. — Pygargue leucocéphale.

Rapaces diurnes :

Gypaète barbu.

Aigle (*fig.* 242), toutes les espèces.

Pygargue (*fig.* 243), toutes les espèces.

Balbuzard fluviatile.

Milan.

Élanion.

Naucler, toutes les espèces.

Faucon, Gerfaut, Pélerin, Émerillon, Hobereau (toutes les espèces à l'exception des Faucons Kobez, Cresserelle et Cresserine).

Autour ordinaire.

Épervier.

Busard

Rapace nocturne :

Grand-Duc vulgaire.

nuisibles.

Passereaux : Grand Corbeau.

Pie (*fig.* 244).

Geai glandivore (*fig.* 245).

Fig. 244. — Pie.

Fig. 245. — Geai.

Échassiers :

Héron cendré et pourpré.

Butor (*fig.* 246) et Bihoreau

Palmipèdes :

Pélican (*fig.* 247).

Cormoran (*fig.* 248).

Harle.

Plongeon.

Fig. 246. — Butor.

Fig. 247. — Pélican.

Fig. 248. — Cormoran.

556. — La classification des Oiseaux est beaucoup moins nette que celle des Mammifères parce qu'on trouve entre les Ordres de nombreux types de passage.

557. — On y reconnaît huit ordres principaux : les *Palmipèdes*, les *Échassiers*, les *Gallinacés*, les *Colombins*, les *Passereaux*, les *Grimpeurs*, les *Rapaces* et les *Coureurs*.

§ 1. — Ordre des Palmipèdes.

558. — Oiseaux gros et massifs, dont les *pattes* sont *courtes* et *palmées*, c'est-à-dire dont les doigts sont réunis par une membrane leur permettant de nager ; ils fréquentent beaucoup les eaux. Leur bec est souvent mou et plat. Exemples : le *Canard*, le *Cygne*, le *Pélican*, la *Mouette* (*fig.* 249).

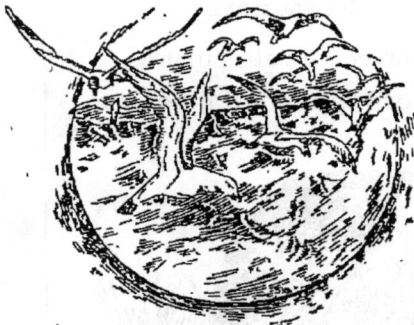

Fig. 249. — Mouettes.

§ 2. — Ordre des Échassiers.

559. — Oiseaux souvent de grande taille, aux *pattes* très *longues*, non palmées, au cou long. Ils vivent sur les rivages et cherchent leur nourriture dans la vase. Exemples : la *Cigogne*, la *Grue*, le *Héron*, l'*Aigrette*, le *Flamant rose* (*fig.* 250).

Fig. 250. — Flamants.

§ 3. — Ordre des Gallinacés.

560. — Oiseaux trapus, *volant mal*, dont les *doigts* sont *gros* et faits pour gratter la terre : ils ont à chaque patte, trois doigts en avant, un en arrière. Bec dur. Exemples : le *Coq* et sa femelle, la *Poule* (*fig.* 251), le *Faisan*, la *Perdrix*, la *Caille*.

Fig. 251. — La Poule.

§ 4. — Ordre des Colombins ou Pigeons.

561. — Ils diffèrent des précédents en ce que leur *bec* est *mou* et leurs ailes sensiblement plus allongées. Le jabot des femelles sécrète un liquide crémeux, un véritable lait, qu'elles dégorgent dans le bec de leurs petits pour les nourrir, tandis que la Poule donne à ses petits les graines et les petits vers qu'elle met à découvert en grattant la terre devant eux. Exemples : la *Tourterelle*, le *Pigeon domestique* (*fig.* 252), le *Pigeon voyageur*, dont la *faculté d'orientation* est remarquable, car il revient à son nid même quand on l'a transporté à des distances considérables.

Fig. 252. — Pigeon anversois.

§ 5. — Ordre des Passereaux.

562. — Groupe très hétérogène, comprenant la plupart des petits *Oiseaux chanteurs*. Beaucoup sont *migrateurs* ; on les nomme alors *Oiseaux de passage.* Les uns mangent des Insectes, les autres des graines, d'autres à la fois des Insectes et des graines. Exemples : l'*Hirondelle*, le *Pinson* (*fig.* 253), le *Rouge-Gorge*, la *Fauvette*, la *Pie*, le *Corbeau*, le *Rossignol*.

Fig. 253. — Pinson.

§ 6. — Ordre des Grimpeurs.

563. — Ils possèdent, à chaque patte, deux doigts en avant et deux en arrière. Ils grimpent le long des arbres où ils cherchent des Insectes. Leur bec est généralement dur et puissant. Exemples : le *Pic Vert*, le *Perroquet* (*fig.* 254), la *Perruche*, le *Coucou*

Fig. 254. — Perroquet (*Ara*).

Fig. 255. — Coucou.

(*fig.* 255). Ce dernier a la singulière habitude de pondre ses œufs dans les nids des autres Oiseaux pour s'éviter ainsi les ennuis de la couvaison.

§ 7. — Ordre des Rapaces.

564. — Bec fort et crochu (*fig.* 256). Pattes fortes
armées d'ongles très

Fig. 256. — Serres et bec d'Oiseau rapace.

aïgus (serres). Ailes très larges
et très puissantes. On les
divise en *Rapaces diurnes*, qui
chassent le jour et ont les
yeux placés sur les côtés de
la tête (Exemples : l'*Aigle*, le
Vautour (*fig.* 257), le *Faucon*,
la *Buse*, le *Milan*) et en *Rapaces nocturnes*, qui ne chassent que la nuit et dont les

Fig. 257. — Vautour Condor.

yeux sont placés sur le devant de la tête (voir la figure 234).

Fig. 258. — Casoar à casque.

H. COUPIN. — Zool. 6

(Exemples : le *Hibou*, la *Chouette*, le *Grand-Duc*.) Les premiers sont nuisibles pour la plupart, parce qu'ils dévorent du gibier ou des petits Oiseaux ; les seconds sont presque tous utiles parce qu'ils détruisent beaucoup de Rongeurs.

§ 8. — Ordre des Coureurs.

565. — Ne volent pas, mais courent. Ailes courtes. Pattes puissantes. Sternum plat dépourvu de bréchet. Exemples : l'*Autruche*, le *Casoar* (*fig.* 258).

CHAPITRE XIX

CLASSE DES REPTILES

---

566. — Les Reptiles sont des *Vertébrés à sang froid*[1], à la peau couverte d'*écailles*, respirant toute leur vie par des *poumons*, pondant des *œufs*, aux membres si courts (ou même manquants) qu'ils doivent *ramper* sur le ventre. Le cœur est à trois cavités, sauf chez les Crocodiliens où il en possède quatre.

567. — On y distingue quatre ordres : *Sauriens*, *Ophidiens*, *Chéloniens* et *Crocodiliens*.

§ 1. — Ordre des Sauriens ou Lézards.

568. — Reptiles généralement de petite taille, couverts de petites écailles, pourvus de quatre pattes (sauf l'*Orvet*), aux yeux

---

[1]. Ou plus exactement *à température variable* (Voir n° 204).

munis de paupières. Exemples : le *Lézard gris;* le *Lézard vert;*
l'*Orvet* qui, dépourvu de pat-
tes, ressemble à un Serpent ;
le *Caméléon* (*fig:* 259), dont
la peau peut changer de couleur et dont la langue peut
être projetée très loin en avant
pour capturer les Insectes dont
il se nourrit.

Fig. 259. — Caméléon.

§ 2. — Ordre des Ophidiens ou Serpents.

569. — Corps allongé, cy-
lindrique, dépourvu de pattes; les yeux n'ont pas de paupières.
Chez les uns, les dents sont
petites et toutes semblables :
ils sont *inoffensifs.* Exemples :

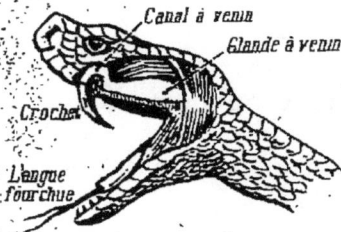

Fig. 260. — Bouche ouverte et
disséquée d'un Serpent venimeux.

Canal à venin
Glande à venin
Crochet
Langue
fourchue

Fig. 261. — Tête de
Vipère commune.

Fig. 262. — Tête
de Couleuvre.

la *Couleuvre;* le *Boa,* qui peut atteindre 12 mètres de long.

Les autres, dits pour cela *venimeux,* ont à la mâchoire supérieure (*fig.* 260) deux dents volumineuses, les *crochets venimeux,* qui déversent dans la plaie qu'elles font un liquide très
dangereux, amenant généralement la mort de la victime.
Exemples : la *Vipère,* que l'on distingue de la Couleuvre à ce
que sa tête est *triangulaire et nettement distincte du reste du
corps* au lieu de le continuer insensiblement (*fig.* 261 et 262);
le *Naja* ou *Serpent à lunettes,* extrêmement dangereux et ainsi

nommé à cause d'une tache qu'il porte sur le cou ; le *Crotale*

Fig. 263. — Crotale ou Serpent à sonnettes.

ou *Serpent à sonnettes* (*fig.* 263), ainsi nommé à cause des peaux desséchées qu'il possède au bout de la queue et qui font du bruit quand elles sont traînées sur le sol pendant la reptation.

§ 3. — Ordre des Chéloniens ou Tortues.

570. — Le corps est enveloppé par une carapace osseuse revêtue de plaques cornées, ne laissant que deux orifices, l'un en avant pour la tête et les pattes antérieures, l'autre en arrière pour la queue et les pattes postérieures. L'animal peut chez certaines espèces, rentrer entièrement dans sa carapace. Les Tortues n'ont pas de dents, mais seulement un bec corné.

Fig. 264. — Tortue franche.

A citer : la *Cistude commune*, qui vit dans nos marais ; la *Tortue grecque*, dont la carapace est jaune avec des taches noires ; la *Tortue franche* (*fig.* 264) qui, grâce à ses pattes aplaties, nage dans la mer. C'est cette dernière qui nous donne l'*écaille*.

§ 4. — Ordre des Crocodiliens.

571. — Grands Reptiles munis de quatre pattes un peu palmées. Bouche garnie de dents enfoncées dans des alvéoles. Cœur à quatre cavités. Les Crocodiliens vivent dans les fleuves des pays chauds.

Fig. 265. — Caïman.

A citer : le *Crocodile* (Afrique), le *Caïman* (*fig.* 265) (Amérique), le *Gavial* (Inde).

CHAPITRE XX

CLASSE DES BATRACIENS

---

572. — Les Batraciens sont des Vertébrés *à sang froid*, à *peau nue* (c'est-à-dire dépourvue d'écailles, de poils, etc.) et présentant des *métamorphoses* (*fig.* 266). Leur mode de respiration est surtout caractéristique. Quand ils sont jeunes, à l'état de *têtards*, ils respirent par des *branchies*, c'est-à-dire qu'ils absorbent l'oxygène dissous dans l'eau grâce à des appendices ramifiés et riches en capillaires sanguins placés sur les côtés de la région du cou. Mais ces branchies disparaissent petit à petit, tandis que se développent des *poumons*.

Lorsque ceux-ci sont bien formés, l'animal ne peut plus

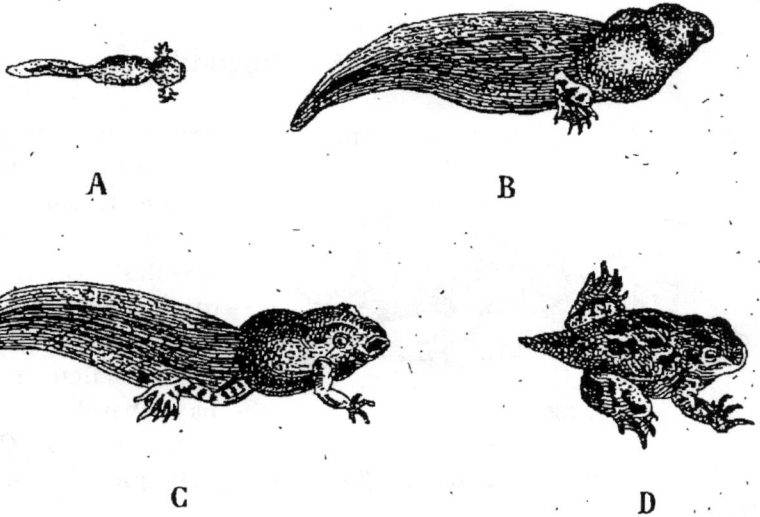

Fig. 266. — Métamorphoses des Grenouilles.

A. Têtard muni de branchies externes. — B. Têtard muni de deux pattes. — C. Têtard muni de quatre pattes. — D. Têtard presque entièrement transformé en Grenouille.

respirer que l'air de l'atmosphère qu'il vient puiser de temps à autre à la surface de l'eau.

573. — En même temps que ces modifications se produisent dans l'appareil respiratoire, le têtard se transforme extérieurement.

Il n'est d'abord constitué que par un corps globuleux et une queue très mobile. Entre la queue et le corps en voit naître peu à peu les *membres postérieurs*. Puis les *membres antérieurs* naissent de même en avant. Enfin, la queue diminue peu à peu de longueur et finit par disparaître entièrement : au lieu d'un têtard, nous avons une Grenouille ou un Crapaud. Cette série de phénomènes de transformation porte le nom de *métamorphoses*.

574. — Les Batraciens mangent surtout des Insectes ; ils vivent dans les lieux humides et dans l'eau où ils pondent des œufs réunis en longs cordons glaireux.

575. — A citer : la *Grenouille* qui vit au bord des eaux; le

Fig. 267. — Crapaud commun.

Crapaud (fig. 267), facilement reconnaissable à ses pattes courtes et à sa peau rugueuse, qui vit dans les prairies et doit être protégé en raison de la grande quantité d'Insectes qu'il mange; la *Salamandre* et le *Triton* (*fig.* 268) qui, tous deux, gardent leur queue toute leur vie.

Fig. 268. — Triton.

CHAPITRE XXI

CLASSE DES POISSONS

576. — Les Poissons sont des *Vertébrés à sang froid*, vivant *sans cesse dans l'eau*, respirant *par des branchies*, au corps couvert *d'écailles*.

577. — Le corps des Poissons (*fig.* 269) est toujours allongé, aplati souvent de droite à gauche et se termine par une

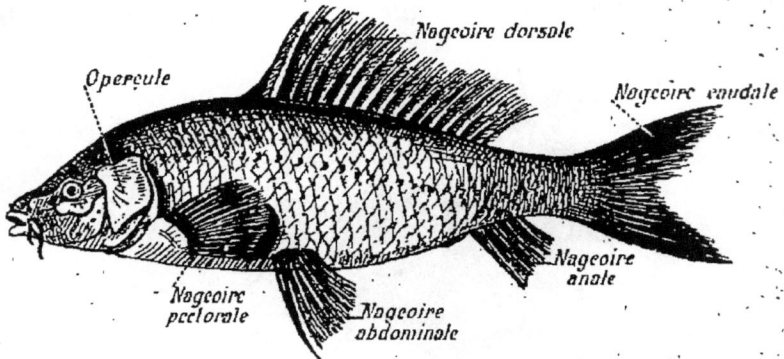

Fig. 269. — Poisson.

nageoire bifurquée (*nageoire caudale*), disposée verticalement. Sur le dos se trouve aussi une autre nageoire verticale : la *nageoire dorsale*.

578. — Les membres antérieurs et les membres postérieurs sont transformés en nageoires (*nageoires pectorales et abdominales*) placées en arrière de la tête et au nombre de quatre (deux de chaque côté).

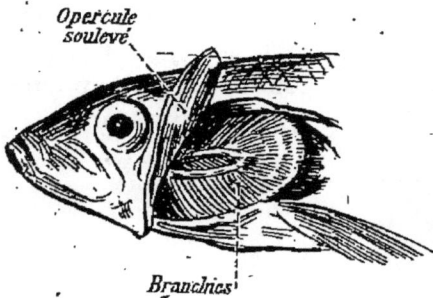

Fig. 270. — Branchies de Poisson.

579. — La peau du corps est revêtue d'écailles minces qui se recouvrent les unes les autres, d'avant en arrière, comme les tuiles d'un toit.

580. — Les branchies [1] sont disposées de chaque côté de la région du cou, mais on ne peut les voir qu'en écartant les

1. Appelées quelquefois les ouïes, bien qu'elles n'aient aucun rapport avec l'ouïe.

volets ou *opercules* (*fig.* 270) qui les recouvrent, du moins chez les Poissons osseux. Ce sont des arcs garnis de filaments rouges disposés comme les dents d'un peigne : les intervalles de ces *arcs branchiaux* communiquent directement avec la bouche.

581. — La bouche est souvent pourvue de dents un peu disséminées sur tous les os qui la limitent.

582. — Le cœur est à deux cavités : il est *veineux*, c'est-à-dire contient du sang veineux qu'il envoie dans les branchies où il devient artériel.

583. — Plusieurs Poissons ont une *vessie natatoire* (*fig.* 271) remplie de gaz, et en relation ou non avec le tube digestif. C'est en contractant ou en relâchant cette vessie, que les Poissons, comme des ludions, peuvent descendre ou monter dans l'eau, même sans faire aucun mouvement extérieur.

Fig. 271. — Vessie natatoire d'un Poisson.

584. — Le cerveau est composé de lobes se suivant d'arrière en avant.

585. — Le squelette (voir *fig.* 118) comprend une colonne vertébrale et un grand nombre d'os connus sous le nom d'*arêtes*.

586. — Beaucoup de Poissons sont *migrateurs*, c'est-à-dire qu'ils se déplacent suivant la saison. Les uns quittent les profondeurs de la mer pour se rapprocher du rivage [Exemple : *Hareng* (*fig.* 282)]; d'autres quittent la mer pour remonter les fleuves (Exemple : *Saumon*). Ces migrations sont destinées à permettre aux Poissons de *frayer*, c'est-à-dire de pondre là où l'endroit est favorable pour les jeunes ou *alevins*.

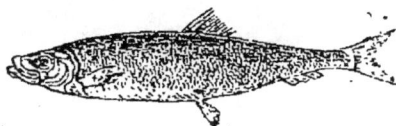

Fig. 272. — Hareng, poisson migrateur.

587. — On facilite le peuplement des rivières en Poissons en faisant pondre ceux-ci en captivité et en ne lâchant les petits que lorsqu'ils sont suffisamment forts ; c'est là le principe de la *pisciculture*.

588. — On distingue dans la classe des Poissons, deux ordres principaux : 1° les **Téléostéens** ou **Poissons osseux**, dont le squelette est ossifié. Les branchies sont protégées par un volet ou opercule. Les deux lobes de la queue sont égaux (Exemples :

Fig. 273. — Maquereau.

Maquereau (*fig.* 273), *Thon*, *Hareng*, *Sardine*, *Morue*, *Merlan*, *Sole*, qui vivent dans la mer; *Goujon*, *Ablette* (*fig.* 274), *Carpe*, *Tanche*, *Brochet*, qui vivent dans les eaux douces); 2° les **Poissons cartilagineux**, dont le squelette reste à l'état de cartilage. Les branchies ne sont pas protégées par un volet : elles s'ouvrent par des orifices sur les côtés du cou. Les deux lobes de la queue sont inégaux.

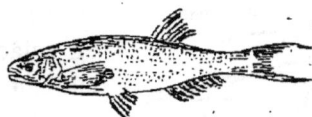

Fig. 274. — Ablette.

Fig. 275. — Requin.

(Exemples : *Requin* (*fig.* 275), dont la bouche est placée à la partie inférieure de la tête ; *Raie* (*fig.* 276), dont le corps est aplati).

Fig. 276. — Raie.

CHAPITRE XXII

EMBRANCHEMENT DES MOLLUSQUES

589. — Les Mollusques sont des animaux au *corps mou* et, pour la plupart, protégés par une *coquille* simple ou double. Beaucoup sont aquatiques.

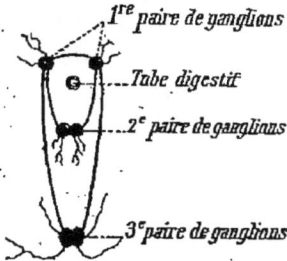

Leur système nerveux (*fig.* 277) comprend surtout trois paires de ganglions, une au-dessus du tube digestif, deux au-dessous. Cœur à deux cavités.

Fig. 277. — Système nerveux d'un Mollusque.

On y distingue trois classes : les *Lamellibranches*, les *Gastéropodes* et les *Céphalopodes*.

§ 1. — Lamellibranches.

590. — Leur corps est protégé par une coquille formée de deux pièces ou *valves* (*fig.* 278) se rabattant l'une sur l'autre. Ils respirent par des branchies en forme de lamelles. Exemples : l'*Huître*[1] et la *Moule*, qui vivent toutes deux dans la mer, fixées aux rochers, la *Coquille Saint-Jacques*, la *Coque*.

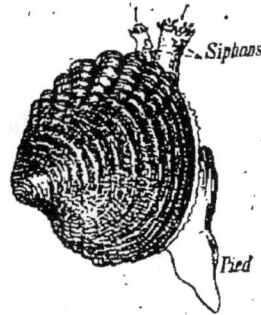

Fig. 278. — Un Lamellibranche : la Coque.

§ 2. — Gastéropodes.

591. — Leur corps est protégé par une *coquille unique* (*fig.* 279),

---

[1]. On favorise la production des Huîtres par l'*ostréiculture* et celle des Moules par la *mytiliculture*.

généralement *enroulée sur elle-même*, et où ils peuvent rentrer plus ou moins complètement. Ils rampent sur leur ventre qui est aplati à cet effet en une sorte de pied (d'où leur nom qui signifie ventre-pied).

Exemples : la *Littorine* ou *Bigorneau* (*fig.* 279) qui vit dans la mer et respire par des branchies ; l'*Escargot* (voir *fig.* 13), qui est terrestre et respire par un *poumon*, simple cavité placée sur son dos ; la *Limace*, dont la coquille est extrêmement petite et cachée sous la peau du dos. L'Escargot et la Limace sont très nuisi-bles parce qu'ils mangent, dans les jardins, beaucoup de fruits et de légumes.

Fig. 279. — Un Gastéropode : le Bigorneau.

§ 3. — Céphalopodes.

592. — Ils sont dépourvus de coquille ou, s'ils en ont une, elle est cachée sous la peau (par exemple, ce qu'on appelle l'*os de Seiche*, que l'on donne aux Oiseaux pour s'aiguiser le bec). Leur tête est prolongée par un certain nombre de *bras* munis de ven-touses. Exemples : la *Pieuvre* (*fig.* 280), le

Fig. 280. — Un Céphalopode : la Pieuvre.

Calmar, la *Seiche*. Tous, quand on cherche à les prendre, rejettent une matière noire qui les dissimule à la vue et que l'on utilisait autrefois sous le nom de *sépia*.

CHAPITRE XXIII

EMBRANCHEMENT DES ARTICULÉS
OU ARTHROPODES

593. — Les Articulés ou Arthropodes sont caractérisés par la présence de *pattes articulées*, c'est-à-dire formées de plusieurs pièces pouvant se plier les unes sur les autres. Leur peau est dure et couverte d'une sorte de matière cornée, la *chitine*[1]. pure ou imprégnée de calcaire. Leur corps est composé d'*anneaux* s'articulant plus ou moins les uns avec les autres. Leur système nerveux est en *échelle de corde* (voir n° 351).

594. — On y reconnaît quatre classes :

Les *Insectes* (trois paires de pattes) ; les *Arachnides* (quatre paires de pattes) ; les *Myriapodes* (un grand nombre de pattes, Respiration aérienne) ; les *Crustacés* (un grand nombre de pattes. Respiration aquatique). La première de ces classes est la plus importante.

CHAPITRE XXIV

CLASSE DES INSECTES

595. — Les Insectes ont le corps composé de *trois parties* (*fig.* 281) :

La *tête*,

Le *thorax*,

L'*abdomen*.

---

1. Prononcez kitine.

596. — La tête est pourvue d'yeux, d'antennes et de pièces masticatrices.

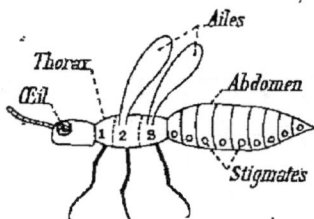

Fig. 281. — Schéma d'un Insecte.

597. — Les *yeux* sont volumineux et placés sur les côtés de la tête : à leur surface, on remarque une sorte de marquetterie qui tient à ce que l'œil est *composé* d'un grand nombre de parties semblables (voir *fig.* 165). En outre, il y a quelquefois sur le front des *ocelles*, c'est-à-dire de petits *yeux simples*.

598. — Il n'y a jamais qu'*une seule paire d'antennes*, mais présentant des formes extrêmement variées.

599. — La *bouche* est pourvue de *pièces buccales* ou *masticatrices* (*fig.* 282) mobiles, qui diffèrent énormément d'un groupe à un autre, mais qui sont construites essentiellement sur le même plan. Il y a toujours, comme on le voit nettement chez les Insectes broyeurs, une *lèvre supérieure*, une paire de *mandibules*, une paire de *mâchoires* avec un *palpe* chacune ; une *lèvre inférieure* avec deux *palpes*. Ces pièces sont conformées suivant les cas, pour *broyer*, *lécher*, *piquer* ou *sucer*.

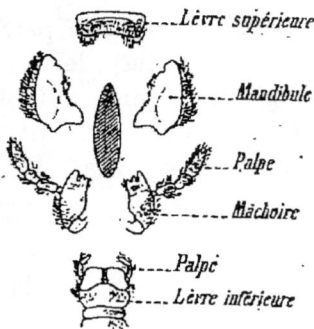

Fig. 282. — Pièces buccales écartées d'un Insecte broyeur.

600. — Le *thorax* est composé de trois anneaux plus ou moins soudés et dont chacun porte une paire de pattes articulées. Il y a donc *trois paires de pattes* : c'est la meilleure définition des Insectes.

601. — Sur les côtés du dos, le thorax porte souvent une ou deux paires d'*ailes*, dont la disposition est caractéristique de chaque ordre d'Insectes.

602. — L'*abdomen* est formé d'anneaux et ne porte pas de pattes. On remarque, sur les côtés, de petits orifices respiratoires, les *stigmates*.

603. — Ces stigmates communiquent avec des tubes intérieurs, les *trachées* (voir *fig.* 100), qui se ramifient abondamment dans l'intérieur du corps de manière à venir en contact avec tous les tissus. Elles sont parcourues d'un bout à l'autre par un *fil spiral* aux spires très serrées et qui les maintient béantes. Leur intérieur est rempli d'air, ce qui leur donne un *aspect nacré*. C'est par ces trachées que s'opère la respiration : l'air pénètre par les stigmates et, passant dans les trachées, va porter son oxygène jusqu'aux tissus. C'est là la caractéristique de la *respiration trachéenne*.

604. — Le *cœur* est placé au-dessus du tube digestif et constitué par une série de *petits cœurs* placés à la file les uns des autres (*fig.* 79).

605. — Le *système nerveux* est construit sur le type dit en

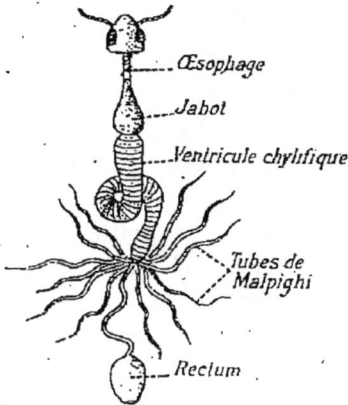

Fig. 283. — Tube digestif d'un Insecte (Hanneton).

Œsophage
Jabot
Ventricule chylifique
Tubes de Malpighi
Rectum

échelle de corde (voir *fig.* 135), c'est-à-dire qu'il est formé d'une chaîne de ganglions réunis entre eux. Les deux premiers ganglions (*ganglions cérébroïdes*) se trouvent au-dessus du tube digestif ; les autres sont au-dessous (*chaîne ventrale*).

606. — Dans le tube digestif (*fig.* 283) on remarque un *jabot*, un long estomac ou *ventricule chylifique*, un *intestin* renflé à son extrémité. Dans cet intestin aboutissent des *tubes de Malpighi* que l'on doit considérer comme des organes urinaires.

607. — Les Insectes pondent des œufs. Les jeunes éclosent sou

Fig. 284. — Larve de Hanneton
(*Ver blanc*).

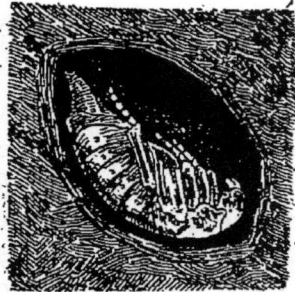

Fig. 285. — Nymphe de Hanneton
dans sa loge.

Fig. 286. — Hannetons adultes
(Insectes parfaits).

vent sous une forme très différente de celle des parents. On leur donne alors le nom de *larves* (*fig.* 284). La larve se nourrit, grandit, puis se transforme en une *nymphe* (*fig.* 285) qui reste immobile pendant un certain nombre de jours et d'où sort finalement l'*Insecte parfait* (*fig.* 286). De tels Insectes qui présentent ces trois formes sont dits *à métamorphoses complètes* : le Hanneton et le Ver à soie en sont des exemples bien connus.

608. — D'autres fois, les jeunes, en naissant, sont peu différents des parents et n'ont qu'à grandir et à acquérir des ailes pour leur ressembler : on les dit alors *à métamorphoses incomplètes*; ils ne passent pas, comme les précédents, par une phase de repos (nymphe) presque absolu ; c'est le cas, par exemple, des Punaises des bois.

609. — A part les Vers à soie, les Abeilles et quelques autres espèces, on peut dire que les Insectes sont nuisibles et doivent être détruits, et pour cela, le mieux est de protéger les Oiseaux qui, pour se nourrir, en font une consommation énorme.

610. — On a divisé les Insectes en sept ordres principaux :

Les *Coléoptères*,
Les *Lépidoptères* ou *Papillons*,
Les *Hyménoptères*,
Les *Diptères*,
Les *Hémiptères*,
Les *Orthoptères*,
Les *Névroptères*.

§ 1. — Ordre des Coléoptères.

611. — Les *Coléoptères* sont munis de *quatre ailes (fig. 287).* Les deux de devant ou *élytres* sont coriaces et ne servent pas au vol; ce sont de simples étuis qui protègent les deux ailes de derrière. Celles ci sont fines comme du papier à calquer,

Fig. 287. — Cétoine dorée au vol.

mais maintenues rigides par des *nervures* solides; elles se plient non seulement *en long*, mais encore *en travers*, pour pouvoir, au repos, se cacher sous les élytres. Quand le Coléoptère veut voler, il écarte ses élytres et déploie ses ailes postérieures.

612. — La bouche des Coléoptères est faite pour *broyer* les aliments et, notamment, mettre en charpie les plantes dont ils se nourrissent.

613. — Les Coléoptères ont des *métamorphoses complètes.* Ainsi les œufs pondus par le *Hanneton (fig 284, 285, 286)* donnent chacun naissance à une larve, connue sous le nom de *Ver blanc,* qui vit environ quatre ans dans la terre où, en se nourrissant de la racine des plantes, elle cause de très graves dégâts. Arrivé au terme de sa croissance, le Ver blanc se change en une nymphe immobile, enfoncée dans le sol et d'où, au printemps, sort le Hanneton ailé. Celui-ci également est nuisible, parce qu'il mange les feuilles des arbres. La destruction des Hannetons est un devoir pour les agriculteurs et pour tout le monde : on y arrive jusqu'à un certain point en secouant ses branches des arbres le matin et en écrasant ensuite les Hannetons engourdis qui en tombent.

614. — A citer encore parmi les nombreux Coléoptères nuisibles, la *Cétoine dorée*, dont les méfaits sont analogues à ceux du Hanneton ; le *Cerf-volant* et le *Capricorne*, dont les larves

Fig. 288. — Charançon du Blé.

Fig. 289. — Carabe doré.

dévorent le tronc des arbres ; les *Charançons* (*fig.* 288), qui dévorent les graines, etc.

615. — Certains Coléoptères sont utiles : c'est le cas du *Carabe doré* (*fig.* 289), qui mange beaucoup d'Insectes nuisibles.

§ 3. — Ordre des Lépidoptères ou Papillons.

616. — Les *Lépidoptères* ou *Papillons* sont munis de *quatre ailes* ne pouvant pas se plier et couvertes d'une fine poussière, formée d'*écailles* microscopiques colorées.

617. — Leur bouche est constituée surtout par une trompe (*fig.* 290) enroulée en spirale et faite pour *aspirer* le suc des fleurs.

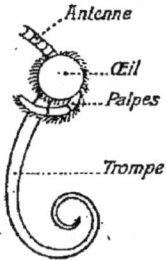

Fig. 290. — Trompe d'un Papillon.

618. — Ils ont des *métamorphoses complètes*. Ainsi, les œufs pondus par les Papillons(*fig.*291) du *Ver à soie*

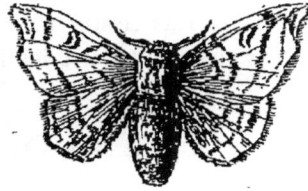

Fig. 291. — Bombyx du mûrier (papillon du Ver à soie).

donnent naissance à une toute petite *Chenille* (*fig.* 292) qui se nourrit de feuilles de mûrier et porte le nom de *Ver à soie*. Celui-ci, arrivé au

Fig. 292. — Chenille du Bombyx du mûrier (Ver à soie).

Fig. 293. — Cocon de Ver à soie.

terme de sa croissance se file un *cocon* (*fig.* 293)[1], dans lequel il se transforme en une *nymphe* ou *chrysalide* (*fig.* 294). Au bout de quelque temps, de celle-ci sort l'animal adulte ou *papillon*. C'est le fil du cocon déroulé par la main de l'homme, qui constitue la soie. L'élevage des Vers à soie, si développé en France, surtout à Lyon, s'appelle la *sériciculture*; il se pratique dans des *magnaneries*.

Fig. 294. — Chrysalide du Ver à soie.

Le développement des autres Papillons est le même que celui que nous venons de décrire.

619. — A part le Ver à soie, tous les Lépidoptères sont nuisibles, surtout par leurs *larves* ou *chenilles*, dont l'appétit est très grand et qui, de ce fait, détruisent toutes sortes de matiè-

---

1. Le fil dont est constitué le cocon sort du corps de l'animal tout près de sa bouche.

res. A citer, par exemple, le *Papillon blanc* dont les chenilles mangent les choux; la *Teigne des vêtements*, dont les chenilles dévorent nos tissus et nos fourrures; les *Chenilles procession-naires*, qui ravagent les forêts.

§ 3. — Ordre des Hyménoptères.

620. — Les *Hyménoptères* sont munis de *quatre ailes mem-braneuses*, transparentes, ne pouvant pas se plier ni en long ni en travers et rendues rigides par la présence de *nervures* peu nombreuses.

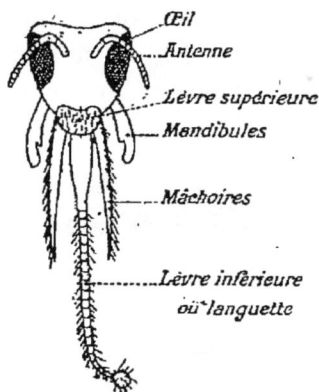

Fig. 295. — Pièces de la bouche d'une Abeille.

621. — Beaucoup possèdent à la partie postérieure du corps, un *aiguillon*, avec lequel ils trans-percent leurs ennemis.

622. — Leur bouche est cons-tituée surtout par une longue *langue* disposée pour *lécher* le suc des fleurs (*fig. 295*).

623. — Ils ont des mé-tamorphoses complètes.

Fig. 296. — Ruche en paille.

Fig. 297. — La récolte du miel dans une ruche à cadres.

624. — La plupart sont très industrieux et vivent en énormes sociétés remarquablement *organisées*.

625. — Tel est le cas des Abeilles qui vivent, à l'état sauvage, dans des creux d'arbres et, à l'état domestique, dans des *ruches* (*fig.* 296 et 297). Dans celles-ci on trouve trois sortes d'individus : 1º Une reine (*fig.* 298), dont le rôle est exclusivement de pondre les œufs ; 2º Des *mâles* ou *faux - bourdons*, en petit nombre,

Fig. 298. — Abeille (reine).

Fig. 299. — Abeille (ouvrière).

qui sont inactifs et dont le rôle est d'ailleurs éphémère ; 3º Des *ouvrières* (*fig.* 299) très nombreuses, qui travaillent sans cesse.

626. — Ces dernières construisent des *gâteaux* (*fig.* 300) de cire, formés d'*alvéoles* hexagonaux, à l'aide d'une matière cireuse qui se forme sous leur abdomen. Un de ces alvéoles est

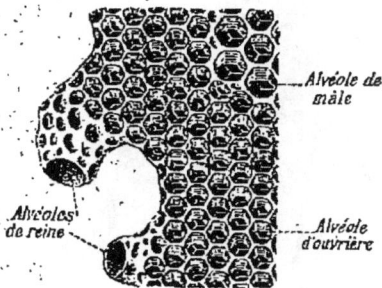

Fig. 300. — Portion d'un gâteau d'Abeilles.

Fig. 301. — Abeille butinant.

plus grand que les autres et réservé à la reine. Dans les autres alvéoles, les ouvrières dégorgent le *miel* qu'elles sont allées récolter sur les fleurs (*fig.* 3o1) (*nectar*), tandis que dans certains elles accumulent le pollen dont leur corps s'est couvert pendant ces visites et qu'elles emportent sous forme de boulettes attachées à leurs pattes postérieures (*fig.* 3o2 et 3o3). La reine pond dans les alvéoles des œufs d'où naissent des *larves* que les ouvrières nourrissent avec le miel et le pollen. Ces larves se changent en *nymphes*, puis en *Abeilles*.

Fig. 302. — Patte d'Abeille.

Fig. 303. — Patte d'Abeille, garnie d'une boule de pollen.

627. — Quand ces Abeilles sont en trop grand nombre dans une ruche, elles partent avec une reine, qui est née en même temps qu'elles. Le tout va se suspendre à une branche d'arbre pour former un *essaim*. On a soin, quand cela se produit, de recueillir la nouvelle colonie dans une ruche.

Fig. 304. — Fourmi (ouvrière).

628. — A citer encore : les *Fourmis* (*fig.* 3o4) qui vivent en quantités innombrables dans des *fourmilières*; les *Guêpes*, qui se fabriquent des nids en papier avec des débris de bois (*fig.* 3o5).

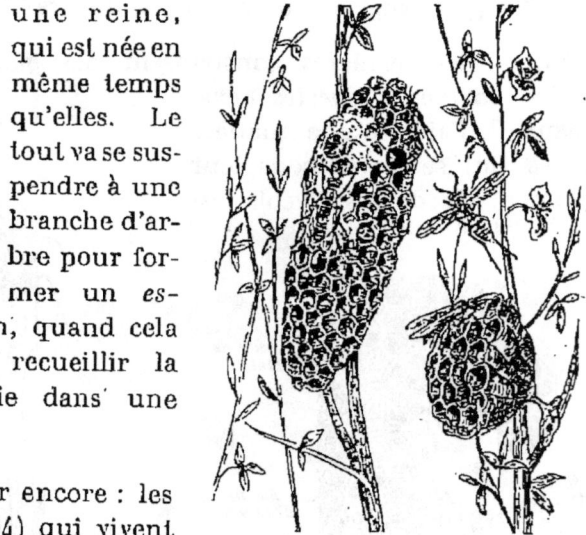

Fig. 305. — Nid d'une Guêpe : la Poliste gauloise.

§ 4. — Ordre des Diptères.

629. — Les Diptères sont munis de *deux ailes* seulement (*fig.* 306), transparentes, *membraneuses*.

630. — Leur bouche est constituée soit pour *lécher* (c'est le cas de la *trompe* de la Mouche), soit pour piquer (c'est le cas de la *trompe* du Moustique ou Cousin).

631. — Ils ont des métamorphoses complètes.

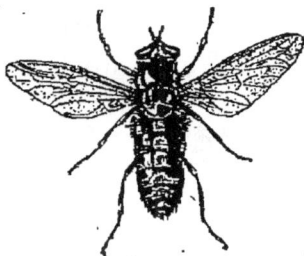

Fig. 306. — Taon.

632. — A citer : la *Mouche domestique*, si insupportable en été; la *Mouche de la viande*, dont les larves sont employées par les pêcheurs à la ligne sous le nom d'*Asticots* ; le *Taon* (*fig.* 306), qui suce le sang des bestiaux ; les *Moustiques* ou

Fig. 307. — Les quatre phases de la piqûre d'un Moustique.

Cousins, dont la piqûre (*fig.* 307) est si désagréable et peut transmettre diverses maladies, mais surtout la malaria, dans les pays marécageux ; la *Puce*, qui n'a pas d'ailes et, grâce à ses puissantes cuisses, peut faire des bonds prodigieux par rapport à sa petite taille.

§ 5. — Ordre des Hémiptères.

633. — Les *Hémiptères* ont quatre ailes : celles de devant sont des *demi-élytres*, c'est-à-dire qu'elles sont en partie coriaces et en partie membraneuses.

634. — Leur bouche est disposée pour sucer, notamment les sucs des plantes.

635. — Les métamorphoses sont incomplètes.

Fig. 308. — Phylloxéra.

636. — A citer : la *Cigale*, qui émet des sons très puissants; les *Pucerons* si désagréables dans les jardins ; le *Phylloxéra* (*fig.* 308), qui s'attaque à nos vignes ; le *Pou*, qui n'a pas d'ailes ; la *Punaise des bois* (*fig.* 309), qui dégage une odeur si écœurante.

Fig. 309. — Punaise des bois (Pentatome gris).

§ 6. — Ordre des Orthoptères.

637. — Les Orthoptères ont *quatre ailes*, dont les antérieures sont des élytres assez molles et dont les postérieures peuvent se placer sous elles en se pliant en éventails.

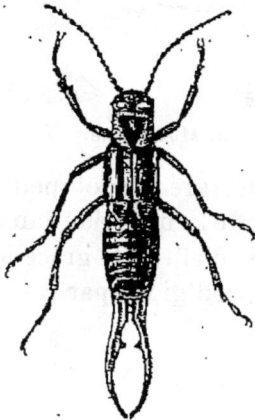

Fig. 310. — Forficule ou Perce-oreilles.

638. — La bouche est disposée pour *broyer*.

639. — Les métamorphoses sont incomplètes.

640. — A citer : le *Perce-oreilles* (*fig.* 310), ainsi nommé, non parce qu'il perce les Oreilles, mais parce qu'à la partie postérieure du corps il possède une sorte de tenailles analogues à un instrument avec lequel on perçait, il y a quelques années, le lobe de l'oreille des petites filles désireuses de porter des boucles d'oreilles ; le *Grillon*, qui se creuse un trou presque vertical dans le sol; la *Sauterelle*, dont les sauts et les grandes pattes sont bien connus ; la *Blatte* ou *Cancrelat*, si répugnante dans les maisons

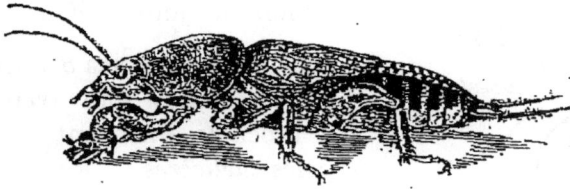

Fig. 311. — Courtilière.

la *Courtilière* (*fig.* 311), qui cause de grands ravages dans les jardins.

§ 7. — Ordre des Névroptères.

641. — Les *Névroptères* ont *quatre ailes* transparentes.
Leur *bouche* est disposée pour *broyer*.
Leurs métamorphoses sont complètes.

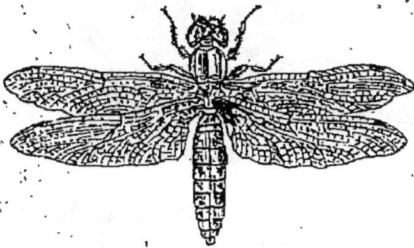

Fig. 312. — Libellule adulte.

642. — A citer : la *Libellule* (*fig.* 312), si gracieuse quand elle vole ; les *Fourmilions*, qui se creusent des entonnoirs dans le sable ; l'*Ephémère*, qui ne vit qu'un jour à l'état parfait, mais longtemps à l'état de larve ; les *Termites*, dont les colonies construisent d'énormes habitations de *terre* (termitières).

CHAPITRE XXV
CLASSE DES ARACHNIDES

643. — Les *Arachnides* (*fig.* 313) sont des Articulés chez lesquels la *tête* et le *thorax* sont soudés en une masse unique, le *céphalothorax*, à la suite duquel vient l'*abdomen*.

644. — Les *pattes* sont au nombre de *quatre paires* et les ailes font toujours défaut.

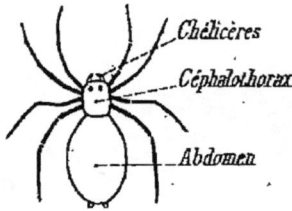

Fig. 313. — Schéma d'une Araignée.

645. — *Il n'y a pas d'antennes* ou, du moins, elles sont transformées en crochets, souvent venimeux, appelés *chélicères* [1].

646. — Les yeux sont simples.

647. — La respiration est aérienne : elle a lieu par des trachées dilatées aux-quelles on donne alors le nom impropre de pou-mons.

648. — Les Arachnides sont pour la plupart très intelligentes. Tout le mon-

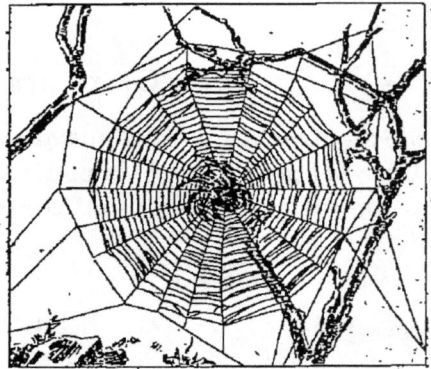

Fig. 314. — Epéire et sa toile.

de connait leur aptitude à tisser des toiles [2] où viennent s'emprison-ner les petits Insectes ailés (*fig.* 314). Quand l'un d'eux est pris, l'Araignée, tapie dans un coin, accourt, et plonge ses chélicères dans la victime qui ne tarde pas à expirer ; elle lui suce ensuite le sang.

Fig. 315. — Scorpion.

649. — Les Arachnides n'ont pas de métamorphoses analogues à celles des Insectes.

---

1. Prononcez : kélicères.
2. Le fil qui constitue la toile sort du corps de l'Araignée par des *filières* placées à la partie postérieure du corps.

650. — A citer : l'*Epeire*, qui fabrique dans les jardins des toiles très régulières ; l'*Argyronète* qui, dans l'eau, se fabrique une véritable cloche à plongeur ; les *Acariens*, presque microscopiques, et dont l'un d'eux, le *Sarcopte*, produit sur la peau, la maladie de la *gale* ; le *Scorpion* (*fig.* 315), qui pique avec le bout de son abdomen.

CHAPITRE XXVI

CLASSE DES MYRIAPODES

---

651. — Chez les *Myriapodes*, il n'y a pas de distinction entre le thorax et l'abdomen : tous les anneaux du corps se ressemblent et portent chacun une ou deux paires de pattes, ce qui fait désigner ces animaux sous le nom de Mille-pattes.

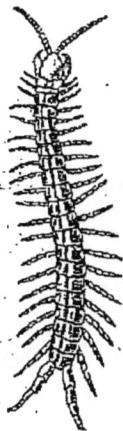

652. — A citer : la *Scolopendre* (*fig.* 316), dont la morsure est venimeuse et le *Jule,* qui peut s'enrouler en spirale.

CHAPITRE XXVII

CLASSE DES CRUSTACÉS

Fig. 316. — Scolopendre.

---

653. — Les *Crustacés* sont des Articulés adaptés à l'existence aquatique et pourvus à cet effet de *branchies*.

654. — Ils possèdent de *nombreuses pattes* mais qui ont des fonctions très diverses, les unes servant à marcher au fond de l'eau, les autres servant à nager ; d'autres sont utilisées pour la préhension et la mastication des aliments.

655. — Le corps est revêtu d'une *carapace calcaire.*

656. — Il y a *deux paires d'antennes.*

657. — Les Crustacés présentent des *métamorphoses* compli-

Fig. 317. — Larve du Homard.

quées. Nous représentons, par exemple, la larve du Homard (*fig.* 317) qui ne ressemble nulle- ment à l'adulte.

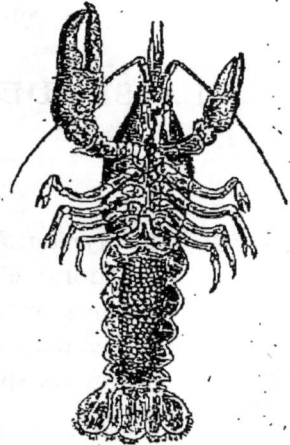

Fig. 318. — Écrevisse, vue par la face inférieure : l'abdomen porte les œufs.

Fig. 319. — Crabe.

658. — A citer : l'*Écrevisse* (*fig.* 318), qui vit dans les ri- vières ; le *Homard* et la *Lan- gouste,* qui vivent dans la mer ; les *Crabes* (*fig.* 319), très connus sur les plages ; les *Crevettes,* dont la pêche est une distraction agréable au bord de la mer.

CHAPITRE XXVIII

EMBRANCHEMENT DES VERS

---

659. — Les Vers constituent un groupe où les types sont très variés et où, par suite, les caractères généraux ne sont pas très nets. Ce sont des animaux allongés, formés d'une *série d'anneaux* placés à la suite les uns des autres et *tous* à peu près *semblables*. Ces anneaux ne portent *jamais de pattes articulées* comme celles des Insectes. Le système nerveux est en échelle de corde (voir p. 89). Ils respirent soit par la peau, soit par des branchies.

660. — On les divise en deux classes principales : les Vers libres et les Vers parasites.

§ 1. — Les Vers libres [1].

661. — Ils nagent dans l'eau ou se creusent des galeries dans la terre. Exemples : l'*Arénicole* qui se trouve au bord de la mer et dont on se sert pour amorcer les lignes de pêche ; le *Ver de terre* (*fig.* 320), qui vit dans la terre de nos champs ; la *Sangsue*, qui vit dans les eaux douces et dont on se sert

Fig. 320. — Ver de terre.

pour sucer le sang des malades dont certaines régions sont congestionnées.

---

[1]. On donne vulgairement le nom de *Vers* à beaucoup d'animaux qui n'ont aucun rapport avec cet embranchement, par exemple les *larves des Insectes* (Exemple : le *Ver blanc*, larve du Hanneton) que l'on reconnaît toujours à ce qu'elles possèdent des pattes et trachées (d'un aspect nacré) à l'intérieur du corps, tandis que les Vers n'en ont jamais.

§ 2. — Les Vers parasites.

662. — Ils vivent à l'intérieur du corps des animaux et se nourrissent à leur détriment.

663. — Le plus connu est le *Ténia* ou *Ver solitaire* (*fig.* 321). Cet animal, très allongé, dont la taille peut atteindre plusieurs mètres de long, a la forme d'un ruban peu épais. Dans toute sa longueur, il est divisé par des sillons transversaux en petits carrés qui augmentent de largeur et de longueur d'une extrémité à l'autre de l'animal. Sa partie rétrécie diminue peu à peu de largeur et se termine par une tête arrondie. Celle-ci ne présente ni bouche, ni yeux, mais, sur les côtés, elle a quatre ventouses, et, plus en avant, deux rangées de crochets pointus et mobiles. C'est au moyen de ces ventouses et de ces crochets que le Ver se fixe à la paroi de l'intestin de l'homme, tandis que le reste de son corps flotte librement dans la cavité intestinale [1].

Tête

Ver solitaire

Embryon

Crochets
Ventouse

Tête de Ténia grossie

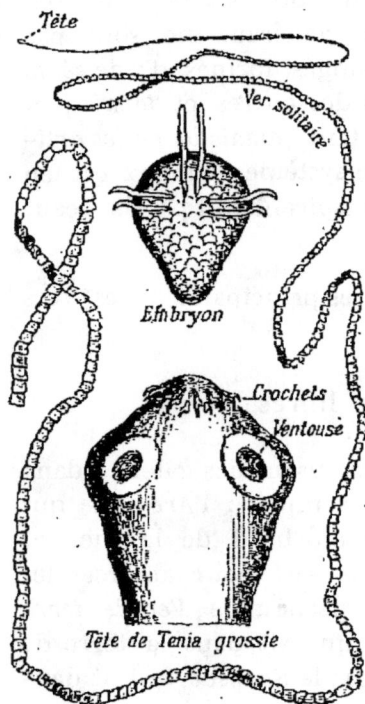

Fig. 321. — Ver solitaire.

Or, on sait que c'est dans cette cavité qu'arrivent les aliments à moitié digérés. Le Ver, qui baigne dans ces matières, les absorbe au travers de sa peau et s'en nourrit. Chez

—————

[1] Il y a quelquefois plusieurs ténias dans le même intestin : l'épithète de solitaire leur est donc appliquée à tort.

les personnes atteintes du ténia, une grande partie des aliments ingérés est utilisée, non à leur profit, mais à celui de leur parasite ; aussi les malades sont-ils obligés de manger beaucoup pour fournir à leurs propres besoins en même temps qu'à ceux de leur hôte.

664. — A l'extrémité libre du ténia les anneaux se détachent et sont entraînés au dehors avec les déjections : ils sont alors remplis d'œufs, lesquels finissent par devenir complètement libres. A ce moment ils sont très petits et enveloppés d'une coque assez dure qui les protège contre les intempéries extérieures ; si la matière qui les contient vient à se dessécher, les œufs sont emportés par le vent et certains d'entre eux restent accrochés aux herbes des prairies ou vont se répandre sur le fumier. Il peut arriver qu'ils soient avalés par un porc[1] : l'œuf arrive alors jusque dans l'estomac de cet animal. Là, la coque qui l'enveloppe se dissout et il en sort un petit animal ne ressemblant en rien au ténia et auquel on a donné le nom d'*Embryon hexacanthe*. C'est une toute petite masse de forme ovale et portant à une de ses extrémités six crochets. — Aussitôt mis en liberté, l'embryon, au moyen de ses crochets, perfore peu à peu les organes du porc et enfin arrive jusque dans les viscères ou les muscles.

665. — Là, ses crochets tombent, l'embryon se transforme en une vésicule qui grossit et en un point on y voit, à l'intérieur, se développer une petite bosse qui grossit peu à peu et finalement prend la forme d'une tête de Ver solitaire. Cette nouvelle forme a reçu le nom de *Cysticerque* (*fig.* 322). Elle s'entoure d'une fine membrane et ne change

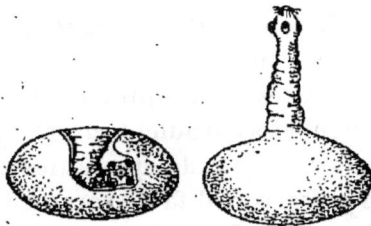

Fig. 322. — A gauche : Cysticerque. — A droite : Cysticerque dont la tête de ténia est sortie.

1. Le Porc nous transmet le *ténia solitaire*. Le Bœuf peut nous transmettre une autre espèce, le *ténia inerme*, dont la tête est dépourvue de crochets.

plus d'état. Ce n'est que lorsque la viande du bœuf sera mangée par un homme que la fine membrane se dissoudra ainsi que la vésicule, tandis que la tête s'accrochera aux parois de l'intestin ; c'est en produisant peu à peu des anneaux que le ténia grandira.

666. — Il est bon de remarquer que le cysticerque, étant chauffé, meurt, et, par conséquent, ne peut plus donner naissance à un ténia. D'où résulte, comme conclusion pratique, que nous ne devons jamais manger de viande, surtout celle du porc, qu'à la condition expresse de l'avoir bien fait cuire au préalable : c'est un moyen sûr de n'avoir jamais le Ver solitaire.

667. — Un autre Ver parasite, la *Trichine* (*fig.* 323), est également-

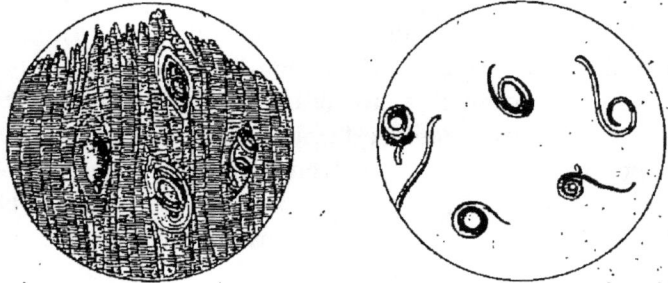

A, enfermées dans les fibres musculaires.   B, libres.

Fig. 323. — Trichines.

ment redoutable. Il vit chez le Porc. Si l'on vient à manger la viande d'un porc *trichiné*, les Vers sont mis en liberté dans notre estomac, ils y pondent des œufs et les larves qui en sortent vont se loger dans nos muscles où elles s'enroulent en spirales, causant une gêne qui devient très grande quand les trichines sont abondantes. Pour s'en préserver, il faut, comme pour le Ténia, ne manger que de la chair de Porc bien cuite et non simplement fumée.

668. — A citer aussi les Vers parasites si fréquents dans l'intestin des enfants (Ascarides, Oxyures, etc.) et que l'on fait disparaître en ingérant une poudre appelée « semen-contra ».

CHAPITRE XXIX

EMBRANCHEMENT DES ÉCHINODERMES

669. — Les *Échinodermes* sont des animaux essentiellement marins et remarquables par leur disposition *rayonnée*, c'est-à-dire qu'autour d'un point central, les diverses parties semblables se groupent sous forme de *rayons* au nombre de cinq ou de multiples de cinq.

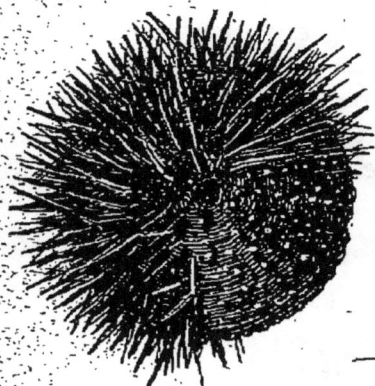

670. — Leurs téguments sont constitués par une cuirasse *calcaire* hérissée de *piquants* (d'où leur nom, qui

Fig. 324. — Oursin commun.

veut dire : épines-peau).

Fig. 325. — Étoile de mer.

671. — A citer : les *Oursins* (*fig.* 324), dont le corps est globuleux, et les *Étoiles de mer* (*fig.* 325), dont le nom indique bien l'aspect.

CHAPITRE XXX

EMBRANCHEMENT DES CŒLENTÉRÉS

672. —Les *Cœlentérés* ou *Polypes* sont tous marins. Ils sont rayonnés comme les Échinodermes mais toujours *d'une grande mollesse*. Beaucoup ressemblent à des fleurs animées, d'où le nom de *Zoophytes* (animaux-plantes) qu'on leur donnait autrefois en les réunissant à l'embranchement précédent.

673. — Leur *tube digestif* est habituellement réduit à *un sac* pourvu d'un seul orifice et peu distinct des parois du corps : la bouche est souvent garnie de *tentacules* parfois très élégants.

Les uns nagent dans la mer ; d'autres forment des colonies ramifiées supportées par des branches calcaires dont l'ensemble constitue le *polypier*, tandis que chaque individu porté par celui-ci est un *polype*.

674. — A citer : les *Anémones de mer* ou *Actinies* (*fig.* 326),

Fig. 326. — Anémones de mer.

très communes sur nos côtes, et parées de brillantes couleurs ;

les *Méduses* (*fig*. 327), qui nagent dans la mer et sont transpa-

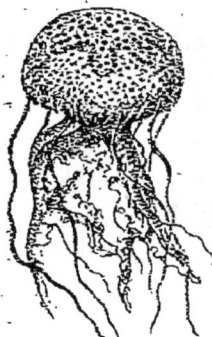

Fig. 327. — Méduse.   Fig. 328.— Une branche de Corail.

rentes comme du cristal ; le *Corail* (*fig*. 328), dont la partie
centrale du polypier est employée en bijouterie ; les *Madrépores*
qui, par leur accumulation, constituent des îles entières appelées *atolls*.

CHAPITRE XXXI

EMBRANCHEMENT DES SPONGIAIRES

675. — Les *Spongiaires* ou *Éponges* sont d'une organisation
encore plus simple (*fig*. 329) que celle des Cœlentérés. A la surface,
on distingue deux sortes d'orifices, les uns petits, les autres
grands. C'est par les premiers — lesquels sont *autant de bouches* —
que l'eau de mer pénètre, et c'est par les derniers qu'elle sort
après avoir abandonné à l'animal les matières nutritives qu'elle
renfermait. La masse spongieuse est maintenue par des sortes

ZOOLOGIE

d'épingles microscopiques, des *spicules*, ou par des fibres
cornées très flexibles.

Fig. 329. — Coupe schématique
d'une Éponge simple : Les
flèches indiquent la pénétration de l'eau dans son intérieur par de petits orifices ;
puis la sortie de cette eau
par des orifices plus grands.

676. — A citer : les *Éponges de
toilette*, que l'on récolte dans
les mers chaudes. Quand elles
ne sont pas à une grande profondeur, on les recueille avec des
rateaux (*fig.* 330) ; mais le plus
souvent ce sont des plongeurs ou
des scaphandriers qui vont les
récolter au fond de la mer. On
débarrasse ensuite les Éponges de
toute la matière animale qui les
imprègne, pour ne laisser sub-
sister que le squelette spongieux,
seul utilisé.

Fig. 330. — Pêche des Éponges.

CHAPITRE XXXII

EMBRANCHEMENT DES PROTOZOAIRES

677. — Les Protozoaires sont les organismes animaux les plus simples. Chacun d'eux est microscopique, réduit à une *simple cellule*, ne présentant ni système nerveux, ni organes des sens. On ne remarque guère à leur surface que des organes de locomotion représentés par des *cils vibratiles* très petits et sans cesse en mouvement.

678. — Les plus élevés en organisation sont les *Infusoires* (*fig.* 331), qui abondent dans toutes les eaux. La plupart sont mobiles ; ils nagent grâce au mouvement de leurs cils vibratiles. Les autres sont fixés par une petite tige ; l'un des plus remarquables de ceux-ci est la *Vorticelle* (*fig.* 332), dont le pédicule se contracte très souvent comme un ressort à boudin.

Fig. 331. — Infusoire (considérablement gros si).

Fig. 332. — Vorticelle (considérablement grossie).

679. — D'autres Protozoaires, les *Foraminifères* et les *Radiolaires* (*fig.* 333), quoique aussi simples que les précédents, sécrètent une coquille extrêmement élégante et délicatement ajourée.

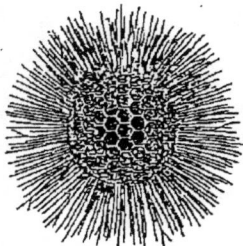

Fig. 333. — Un Radiolaire (Héliosphère, considérablement grossi).

680. — D'autres enfin, les *Amibes* (*fig.* 334), tout à fait analogues à nos globules blancs ou leucocytes, sont réduites à une petite masse de protoplasma transparent, qui, pour

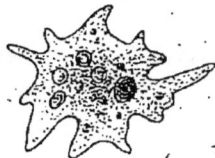

Fig. 334. — Une Amibe (considérablement grossie).

se déplacer, change sans cesse de forme : il serait difficile d'imaginer un organisme plus simple.

APPENDICE

QUESTIONS POSÉES AUX EXAMENS
DU BREVET ÉLÉMENTAIRE

A titre d'exemples nous donnons ci-dessous quelques questions recueillies à divers examens du Brevet élémentaire. Les numéros entre parenthèses renvoient aux paragraphes de notre précis.

Donnez les caractères des Mammifères (463 à 465). — Que veut dire : « animaux à sang chaud » (171) ? — Y a-t-il des animaux à sang froid (204) ? — Ce terme est-il exact (204) ? — Citez les principaux ordres de la classe des Mammifères (471). — Dans quel ordre placez-vous le Cheval (528) ? — Pourquoi n'est-ce pas un Ruminant (526) ? — Dans quel ordre placez-vous la Baleine (536) ? — Le Chat (499) ? — Quels sont les caractères principaux des Oiseaux (541) ? — Que présente de particulier leur appareil digestif (544 et note) ? — Comment la Poule nourrit-elle ses petits (561) ? — Et les Pigeons (561) ? — En combien d'ordres divise-t-on la classe des Oiseaux (557) ? — Nommez ces ordres (557 à 565). — Citez des Oiseaux nuisibles (555). — Des Oiseaux utiles (554). — Caractères des Palmipèdes (558). — Que savez-vous sur le cœur (137 à 145) ? — Définissez les artères (146). — Dites ce que vous savez sur l'estomac (36 à 38). — Que se passe-t-il dans l'estomac (95) ? — Sur quels aliments agit le suc gastrique (100) ? — Comment digérons-nous les

graisses (98) ? — Parlez de l'œil (408 à 423). — Quel est le rôle de
l'iris (425)? — Du cristallin (425) ? — Qu'est-ce qu'un œil myope (436)?
— Que fait-on pour remédier à la myopie (437) ? — Qu'est-ce qu'un
œil hypermétrope (438) ? — Un œil presbyte (440) ? — Qu'y a-t-il de
remarquable dans l'estomac d'un Ruminant (130) ? — Nommez les
Ruminants que vous connaissez (519). — En quoi consiste la circula-
tion du sang (169) ? — Combien y a-t-il de circulations (190) ? —
Tous les animaux ont-ils le même appareil circulatoire (202 à 208) ?
— Comment est-il chez les Insectes (207) ? — Parlez des Cœlentérés
(672 à 674). — Parlez des Protozoaires (677 à 680). — Parlez des Ruminants (510 à 519). — Tous les Ruminants ont-ils des cornes (519) ?
— Citez des Ruminants sans cornes (519, Mouton, Chameau). — Le
Cerf est-il un Ruminant (519) ? — Comment sont ses cornes (519) ?
— Sont-elles caduques ou persistantes (518) ? — Quels sont les dif-
férents modes de respiration (260 à 271) ? — Comment respirent les
Poissons (267 et 580) ? — Les Mammifères (260) ? — Les Batraciens
(263) ? — Citez des Batraciens (575). — Comment sont-ils quand ils
sont jeunes (573) ? — Quel est l'animal qui produit la soie (618) ? —
A quelle classe appartient le Ver à soie (616) ? — D'où vient la soie
dans cet Insecte (618) ? — Et celle des Araignées, par où sort-elle du
corps de l'animal (p. 186, en note) ? — Quels sont les caractères des
Araignées (643 à 647) ? — Parlez de l'oreille (376 à 405). — En combien de parties se divise l'oreille (377) ? — De quoi se compose l'oreille
externe (378 à 381) ? — L'oreille moyenne (382 à 389) ? — L'oreille interne
(390 à 394) ? — Pourquoi entend-on le tic-tac d'une montre appliquée
sur le front (397) ? — L'oxyde de carbone est-il respirable (247) ? —
Sur quels éléments du sang se fixe l'oxyde de carbone (247) ? — Expli-
quez la circulation du sang (169 à 192). — Quels sont les organes
de l'appareil circulatoire (137) ? — Décrivez le cœur (138). — Les
oreillettes communiquent-elles entre elles (139) ? — Et les ventricules (139) ? — Que se passe-t-il dans les poumons (240) ? — Quel est
l'appareil avec lequel nous percevons les rayons lumineux (406)? —
Décrivez l'œil (408). — Quel est le rôle du cristallin (425) ? — Et de
la rétine (433) ? — Quels sont les phénomènes de la digestion (88 à
100) ? — Que deviennent les aliments féculents dans la digestion (90) ?
— Citez des aliments féculents (52). — En quoi consiste le rôle du
cœur (172) ? — Parlez du cœur de l'homme (138). — Quelle est la
composition du sang (160 à 168) ? — Quels sont les globules qui sont
les plus nombreux (162) ? — Caractères des Reptiles (569). — Principales espèces (568 à 571) — Donnez les caractères principaux de la
classe des Mammifères (463). — Que savez-vous des Ruminants

(510 à 519) ? — Citez des Ruminants (519). — Décrivez l'appareil de la circulation chez l'homme (137). — Comment est fait le cœur (138) ? — Comment le sang part-il du cœur (177, 186) ? — Comment y revient-il (185, 189) ? — Comment s'appellent les mouvements du cœur (174)? Comment le médecin peut-il les apprécier (175)? — De quoi est composé le cœur (138) ? — Combien y a-t-il de sortes de fibres musculaires (16, 17) ? — Qu'est-ce que l'appareil de la digestion (22, 23) ? — Quels sont les os qui forment le squelette du membre inférieur (309)? — Nommez les os de la jambe (309). — Du pied (309). — Les animaux respirent-ils tous de la même façon (260 à 271) ? — Indiquez les différents modes de respiration (260 à 271) ? — Comment respirent les Poissons (267 et 580) ? — Quels sont les caractères des Poissons (576) ? — Comment les divise-t-on (588) ? — Citez des Poissons osseux (588) ; des Poissons cartilagineux (588).

Par quel organe percevons-nous la saveur des aliments (25) ? — Pourquoi le bol alimentaire ne va-t-il pas dans le larynx (91, 92) ? — Pourquoi ne remonte-t-il pas dans le nez (91, 92)? — Que se produit-il si, accidentellement, il pénètre dans le larynx (93) ? — Que deviennent les poussières qui pénètrent dans le poumon en même temps que l'air inspiré (243) ? — Qu'est-ce que des cils vibratiles (11) ? — Qu'est-ce que la salive (33, 90) ? — Citez un liquide acide du corps humain (95). — Quel est le rôle de la salive (90) ? — Par quoi la salive est-elle sécrétée (33) ? — Où sont placées les glandes salivaires (33)? — A quel embranchement appartient la classe des Poissons (461) ? — Quels sont les caractères des Poissons (576) ? — Comment respirent-ils (267, 580)? — Quelle différence y a-t-il entre une nageoire de Poisson et une nageoire de Cétacé (530) ? — Citez des Poissons de mer (588) ; des Poissons d'eau douce (588). — Y a-t-il des Poissons qui vont de l'eau de mer dans l'eau douce ou réciproquement (586) ? — Qu'entendez-vous par squelette humain (287) ? — Quelle est la composition des os (289)? — Leur structure (288) ? — Pourquoi les jeunes enfants en tombant risquent-ils moins que les vieillards de se casser un bras ou une jambe (291)? — Quels sont les os qui forment la tête (305, 306)? — Comment sont unis ensemble les os du crâne (297) ? — Les autres os du corps sont-ils unis de la même façon (297) ? — Enumérez les os du tronc (299 à 304). — Quel est l'organe de la vue (407) ? — De quoi se compose l'œil (408) ? — Comment se forme dans l'œil l'image d'un objet qu'on aperçoit (425) ? — Comment voit-on distinctement à différentes distances (428) ? — Quel est le muscle qui agit dans cette accommodation (429) ? — Comment appelle-t-on les personnes dont le muscle ciliaire est fatigué (440) ? — Qu'est-ce qu'un myope (436) ? —

De quels verres se servent les presbytes et les myopes (439, 437) ? —
Décrivez l'appareil de la digestion (23). — Qu'est-ce que le cerveau
(323 à 329)? — Comment est-il constitué (325) ? — Qu'est-ce que la
substance grise (326)? — Quel rôle joue le cerveau (326). — Comment
est-il fait chez les Poissons (350) ? — Qu'est-ce-que les Mammifères
(463)? — Citez des Mammifères aquatiques (504, 536). — Quelles différences y a-t-il entre les Cétacés et les Phoques (502, 529) ? — Citez
des Mammifères non aquatiques (528). — Comment divise-t-on les
Mammifères (471)? — Caractères des Rongeurs (494) ; des Ruminants (510). — Que savez-vous des cornes (516 à 518) ? — Qu'est-ce
que l'Eléphant (529) ?

Quelle est la constitution d'une cellule (6)? — Différents tissus
animaux (10 à 18). — Que savez-vous de la circulation du sang (135,
etc.)? — Qu'est-ce que le sang (160, etc.)? — Combien y a-t-il de
sortes de globules (162-163) ? — A quoi servent les globules blancs
(165) ? — Parlez de la grande et de la petite circulation (191-192). —
Qu'est-ce que les vaisseaux capillaires (157-158-159) ? — Qu'est-ce qui
fait circuler le sang (172) ? — Parlez de la chaleur animale (171). —
Quelle est la température des Reptiles (204) ? — Quelle est la constitution d'un os (293) ? — De quoi se compose le périoste (293) ? — Quel
est son rôle (293) ? — Quelle est la constitution chimique d'une dent
(27)? — Combien y a-t il de dents chez l'enfant (32) ? — Chez l'adulté
(29) ? — Quelles sont les dents qui manquent chez l'enfant (32) ? —
Comment les dents se gâtent-elles (110) ? — Comment sont les dents
chez les Carnivores (126) ; les Rongeurs (125) ? — Quelles sont les
parties importantes de l'appareil respiratoire chez l'homme (210) ? —
Comment se divisent les poumons (218) ? — Quel est le plus grand des
deux poumons (218)? — Qu'est-ce que l'inspiration (230, 232) ? — L'expiration (236)? — Quelle est la composition de l'air expiré (240-241) ?
— Pouvons-nous expirer tout l'air qui est dans nos poumons (237) ?
— Parlez de l'oreille (377). — Quel est le rôle du pavillon (395) ? —
Nommez les osselets (383). — Description de l'oreille interne (390). —
Parlez de la digestion stomacale (95). — Quelle est la composition du
suc gastrique (95) ? — Est-il alcalin (95) ? — Comment se transforment les aliments dans l'estomac (95) ? — Par quoi sont digérés les
féculents (100), les graisses (98), les sucres (99) ?

Qu'est-ce que les Vertébrés (458) ? — Quels sont leurs caractères
principaux (458 à 460) ? — Comment divise-t-on les Vertébrés (461) ? —
Donnez les caractères principaux des Batraciens (257). — Parlez de
la respiration chez les animaux (260 à 271). — A l'aide de quels appareils respirent les Poissons (267) ? — Les Insectes (269) ? — Les Mol-

lusques (270) ? — Quelle est la composition du sang (160 à 168) ? — Comment sont les globules (162-163) ? — Sont-ils tous semblables (162-163) ? — Quelle est la forme des globules rouges de l'homme (162) ? — Et des Grenouilles (162) ? — Comment respirent les Insectes (269) ? — Qu'est-ce que les trachées (269) ? — Qu'est-ce que les métamorphoses des Insectes (607-608) ?

Parlez de la digestion (88 à 100). — Dans quelles cavités du tube digestif s'accomplit spécialement cette fonction (24-36-39) ? — Que se passe-t-il, chimiquement, dans la bouche (90) ? — Et dans l'estomac (95) ? — Qu'est-ce que le pancréas (43) ? — Comment les matières nutritives passent-elles dans le sang (101 à 105) ? — Parlez des Rapaces (564). — Leurs pattes (564). — Leurs ailes (564). — Leur régime alimentaire (564). — Comment les divise-t-on (564) ? — Sont-ils utiles ou nuisibles (554-555) ? — Comment s'appelle la cloison qui sépare le thorax de l'abdomen (227) ? — De quoi est formé le thorax et quels sont les organes qu'il renferme (227) ? — Où se trouve l'estomac (36) ? — Qu'est-ce que le foie (44) ? — A quoi sert-il (98-107) ? — Quelle est la constitution chimique d'un os (289) ? — Comment appelle-t-on la matière organique d'un os (289) ? — Quelle est la classification générale des animaux (20) ? — Combien y a-t-il d'embranchements (454) ? — Donnez des exemples de chacun des embranchements (page 114). — Parlez des Crustacés (653 à 658). — Quand on regarde au microscope un tissu végétal ou animal, que constate-t-on (6) ? — De quoi se compose une cellule quand elle est complète (16) ? — Citez des cellules (10 à 18). — Que savez-vous sur la respiration (209) ? — Dans les poumons, l'air est-il en contact avec le sang ou en est-il séparé par quelque chose (224) ? — Sur quelle partie du sang se fixe l'oxygène (169) ? — Quelle est l'action de l'oxyde de carbone sur l'hémoglobine (247) ? — Qu'est-ce que le sérum (166) ? — Et la fibrine (166) ? — Quels sont les os du bras (307), de l'avant-bras (307), de la main (307) ? — Quels sont les êtres qui ont des mains (477) ? — Comment divise-t-on les Singes (482-483-484) ? — Par quoi les Singes du nouveau continent se différencient-ils de ceux de l'ancien continent (483-484) ? — Comment divise-t-on les dents (29) ? — Combien y a-t-il de dents dans la première dentition (32) ? — De quoi se compose une dent (27-28) ? — Qu'est-ce que le collet (26) ? — Quels sont les tissus d'une dent (27-28) ? — Quel est le nom de la partie protectrice (28) ? — Qu'est-ce que l'alvéole (26) ? — Quelle est la composition chimique de la dent (27) ?

(Paris.)

De quoi est formé le corps des animaux (6)? — Qu'appelle-t-on tissus (10)? — Citez divers tissus (10 à 18). — Qu'est-ce que la circulation du sang (135)? — Où circule le sang (136)? — De quoi se compose l'appareil circulatoire (137)? — Comment est fait le cœur (138)? — Où se trouve-t-il (138)? — Que contient-il (139)? — Avec quoi communiquent les oreillettes (139)? — Les ventricules communiquent-ils entre eux (139-140)? — Quel est le ventricule le plus fort (141)? — Pourquoi (141)? — Qu'est-ce que la valvule mitrale (142)? — Et la valvule tricuspide (144)? — Qu'y a-t-il autour du cœur (145)? — Comment sont faits les poumons (218)? — Sont-ils égaux (218)? — Qu'y a-t-il à l'intérieur (221, 222, 223)? — Qu'y a-t-il dans les parois intérieures des poumons (224)? — Qu'y a-t-il autour des poumons (225)? — Qu'est-ce que la pleurésie (225)? — Quels sont les caractères des Reptiles (566)? — Comment sont faits les serpents ou Ophidiens (569)? — Qu'est-ce que l'intestin grêle (39)? — Quelle est sa longueur (39)? — Par quoi est-il soutenu (40)? — Quelle est la constitution de ses parois (42)? — Qu'est-ce que les villosités intestinales (42)? — Qu'est-ce que les boissons fermentées (63)? — Citez-en (64, 65, 66). — Et les boissons distillées (69)? — Parlez du squelette du membre inférieur (309)? — Quelle est l'hygiène du squelette (312, 313)? — Qu'est-ce que les métamorphoses des Insectes (607, 608)? — Comment divise-t-on les Insectes (610)? — Quels sont les caractères des Coléoptères (611)? — Et des Lépidoptères (616)? — Comment est la dentition chez les Mammifères (123), chez les Insectivores (124), chez les Rongeurs (125), chez les Carnivores (126)? — Qu'est-ce que les artères (146)? — A quoi les reconnaît-on (147)? — Quelle est la grosse artère qui part du ventricule gauche (148)? — Qu'est-ce que les carotides (148)? — Qu'est-ce que les valvules sygmoïdes (149)? — Quelle est l'artère qui part du ventricule droit (150)? — Où va-t-elle (150)? — Contient-elle du sang artériel (150)? — Qu'est-ce que les Cœlentérés (672)? — Citez des Cœlentérés (674).

(*Montpellier.*)

Qu'est-ce que les dents de lait (32)? — En quoi diffèrent-elles des dents adultes (32)? — Qu'est-ce que les dents de sagesse (32)? — Quelle est la constitution des dents (27, 28)? — Quels sont les caractères des Singes (477)? — De quoi se nourrissent-ils (478)? — Comment sont leurs dents (480)? — Et leur queue (481)? — Qu'est-ce que l'excrétion (272)? — Où se trouvent les reins (273)? — Où s'accumule l'urine (276)? — Qu'y a-t-il dans l'urine (277)? — Qu'est-ce que l'urée (272) ? — Quels sont les caractères des Crustacés (653)? — Citez des Crustacés (658). — Qu'est-ce que la Zoologie (1) ? — L'Anatomie (2) ? — La Physiologie (3) ? — Comment divise-t-on les aliments (50 à 54) ? — Qu'est-ce que les féculents (52) ? — Citez un aliment féculent (52). — Qu'est-ce que les aliments gras (53) ? — Qu'est-ce que le tissu adipeux (15) ? — Qu'est-ce que les aliments albuminoïdes (54) ? — Citez des aliments albuminoïdes (54). — Quels sont les caractères des Oiseaux (541)? — Quelle est leur température (545) ? — Comment respirent-ils (546) ? — Qu'est-ce que les sacs aériens (546) ? — Comment les Oiseaux chantent-ils (547) ? — Comment respirent les Poissons (267) ? — Et les Insectes (269) ? — Et les Mollusques (270) ? — Qu'est-ce qu'une branchie (264) ? — L'alcool n'est-il pas un poison (72) ? — Quels ravages produit-il dans notre corps (74 à 84) ? — Dans l'alcoolisme, que devient le cœur (74) ? — Les artères (75) ? — Le cerveau (76, 77) ? — Les poumons (78) ? — La peau (79) ? — L'estomac (80) ? — Le foie (81) ? — Les reins (82) ? — Comment divise-t-on les Singes (482, 483, 484) ? — Par quoi diffèrent les Singes de l'ancien et du nouveau continent (483, 484) ? — Citez des exemples (482, 484). — Qu'est-ce que les Singes anthropomorphes (482) ? — Citez-en des exemples (482). — Où vit le Chimpanzé (482) ? — Quels sont les caractères des Vers (659) ? — Parlez des Vers libres (661), des Vers parasites (662). — Quelle est l'histoire du Ver Solitaire (663) ?

(*Nantes.*)

Qu'est-ce que le pancréas (43) ? — A quoi sert-il (97) ? — Qu'est-ce que le foie (44) ? — Que sécrète-t-il (45) ? — A quoi sert la bile (98) ? — Que font les aliments dans l'intestin (99) ? — Quelles modifications chimiques y subissent-ils (99) ? — Que deviennent les aliments ainsi digérés (99) ? — Quels sont les caractères des Ruminants (510) ? — Comment sont leurs dents (511) ? — Comment est leur estomac (512)? — Qu'est-ce que la rumination (513) ? — Comment sont leurs pattes (515) ? — Qu'est-ce que les cornes persistantes (517) ? — Et les cornes caduques (518) ? — Comment peut-on savoir l'âge d'un Cerf (519) ? — Qu'est-ce que la laine (519) ? — Citez des Ruminants sans cornes (519). — Qu'y a-t-il dans le sang (166) ? — Comment isole-t-on la fibrine (166) ? — Qu'est-ce que le sérum (166) ? — Qu'est-ce que la coagulation du sang (167) ? — De quoi est formé le caillot (168) ? — Quels sont les caractères des Gallinacés (560) ? — Et des Pigeons (561) ? — Comment nourrissent-ils leurs petits (561)? — Comment respirons-nous (230) ? — Comment l'air pénètre-t-il dans les poumons (230 à 235) ? —

7..

Qu'est-ce qui l'en fait sortir (236) ? — Comment divise-t-on les Reptiles (567) ? — Quels sont les caractères des Tortues (570) ? — Et des Crocodiles (571) ? — Parlez du goût (364 à 369). — Où sont digérées les matières féculentes (100) ? — Les matières albuminoïdes (100) ? — Les matières grasses (100) ? — Les matières sucrées (100) ? — Qu'est-ce que l'absorption intestinale (101 à 105). — Comment les aliments pénètrent-ils dans le sang (101) ? — Quels chemins suivent-ils (101 à 105) ? — Quels sont les caractères des Articulés (593) ? — Comment les divise-t-on (594) ? — Comment est la dentition des Solipèdes (128) ? — Des Proboscidiens (129) ? — Des Baleines (129) ? — Comment est la bouche des Oiseaux (131) ? — Et les dents des Reptiles (133) ? — Et des Poissons (134) ? — Parlez du squelette du membre supérieur (307, 308). — Comment divise-t-on les Insectes (610) ? — Quels sont les caractères des Hyménoptères (620) ? — Et des Diptères (629) ? — Parlez de l'hygiène de la digestion (110 à 122). — Pourquoi faut-il mâcher les aliments (111) ? — Pourquoi faut-il se laver les dents (110) ? — Au bout de combien d'heures après le repas peut-on prendre un bain (117) ? — Quelle est la meilleure boisson (120, 121) ? — Qu'est-ce que les Proboscidiens (520) ? — Qu'est-ce que la trompe de l'Eléphant (520) ? — Que tire-t-on des défenses (520) ? — Comment distingue-t-on l'Eléphant d'Asie de l'Eléphant d'Afrique (521) ? — Qu'est-ce que les Rhinocéros (523) ?

(Marseille.)

Qu'est-ce que les dents (26) ? — Où se trouvent-elles (26) ? — Quelles sont les diverses parties d'une dent (27, 28) ? — Quelle est sa constitution (27, 28) ? — A quoi sert l'émail (28) ? — Toutes les dents sont-elles semblables (29) ? — Combien y a-t-il de dents dans la bouche (30) ? — Qu'est-ce qu'une formule dentaire (31) ? — Qu'est-ce que les Marsupiaux (537) ? — Que font-ils de leurs petits (537) ? — Par quoi est soutenue leur poche (537) ? — Citez des exemples (538). — Où les trouve-t-on (538) ? — Qu'est-ce que les Monotrèmes (539) ? — Citez des exemples (539). — Qu'est-ce que les veines (151) ? — Comment les reconnaît-on (152) ? — Qu'y a-t-il à l'intérieur (153) ? — Citez des veines (154, 155). — Qu'est-ce que les capillaires (157) ? — Quel sang contiennent-ils (159) ? — Quels sont les caractères des Rapaces (564) ? — Citez des Rapaces utiles (554). — Citez des Rapaces nuisibles (555). — Quels sont les caractères des Coureurs (565) ? — Comment est leur sternum (565) ? — Qu'est-ce que la respiration (209) ? — Comment est fait l'appareil respiratoire (211) ? — Parlez de la voix (213). — Qu'est-ce que la trachée-artère (215). — En quoi se divise-t-elle (216) ?

— Qu'est-ce que la pisciculture (587)? — Comment appelle-t-on les
jeunes Poissons (586)? — Comment divise-t-on les Poissons (588).
— Citez des Poissons osseux (588), des Poissons cartilagineux
(588). — Qu'est-ce que l'intestin (39, 47)? — Qu'est-ce que le gros
intestin (47)? — Comment se réunit-il à l'intestin grêle (47)? —
Qu'est-ce que l'appendice (47)? — Quelles sont les trois parties de
l'intestin grêle (49)? — Comment divise-t-on les Insectes (610)? —
Quels sont les caractères des Hémiptères (633), des Orthoptères (637),
des Névroptères (641)? — Parlez de l'odorat (370 à 375). — Qu'est-ce
que l'alcool au point de vue hygiénique (72)? — Qu'est-ce que
l'alcoolisme (68, 73)? — Quels sont les ravages de l'alcoolisme
(74 à 84)? — Comment respirent les Oiseaux (261)? — Et les Batraciens (263)? — Qu'est-ce qu'une branchie (264)? — Comment est la
dentition des Ruminants (127)? — Et leur estomac (130)? — Qu'est-ce
que la rumination (130)? — Quelle est la constitution du squelette
du tronc de l'homme (299 à 304)? — Comment est fait une vertèbre
(300)? — Qu'est-ce qui passe dans le trou de la vertèbre (300)? —
Quelles sont les régions de la colonne vertébrale (301)? — Que représente le coccyx (301)? — Comment est le système nerveux des Vertébrés (350)? — Qu'est-ce qu'un système nerveux en échelle de corde
(351)? — Comment est le système nerveux des Échinodermes (353)?

(*Clermont-Ferrand.*)

En quoi les animaux diffèrent-ils des corps bruts et des plantes
(4, 5)? — Quels sont les caractères des Rongeurs (494). — Comment
sont leurs incisives (494)? — Citez des exemples de Rongeurs (495)? —
Qu'est-ce que le Castor (495)? — Comment circule le sang (172)? —
Suivez le trajet du sang depuis l'oreillette gauche jusqu'à son retour
au cœur (176 à 189). — A quoi servent les valvules qui se trouvent
à l'orifice de communication des oreillettes et des ventricules (179, 187)?
Qu'est-ce que le pouls (182)? — Pourquoi dit-on qu'il y a deux circulations (190)? — Qu'est-ce que la petite circulation (191)? — Et
la grande circulation (192)? — Quels sont les caractères des Oiseaux
(541)? — Comment les divise-t-on (557)? — Quels sont les caractères
des Palmipèdes (558)? — Et des Echassiers (559)? — Citez des Echassiers (559)? Qu'est-ce que la respiration au point de vue chimique
(240, 241, 243)? — Comment peut-on montrer qu'il y a du gaz carbonique dans l'air expiré (240)? — Qu'est-ce que l'asphyxie
(244 à 247)? — Qu'est-ce que l'asphyxie par l'oxyde de carbone
(247)? — Quels sont les caractères des Poissons (576)? — Comment

nagent-ils (578) ? — Qu'est-ce que la vessie natatoire (583) ? — Citez
des Poissons migrateurs (586). — Qu'est-ce que la viande (315) ? —
Comment sont faits les muscles (315) ? — Décrivez le biceps (317) ? —
Que fait-il en se contractant (317) ? — Quelle est l'hygiène des muscles
(318 à 321)? — Qu'est-ce que les Spongiaires (675)? — Parlez de l'organe
de l'audition (376 à 405). — Qu'est-ce que la salive (33)? — Par quoi
est-elle produite (33)? — Quelles sont les diverses glandes salivaires
(33)? — Comment sont constituées les glandes salivaires (34). —
Qu'est-ce que l'œsophage (35)? — Quels sont les caractères des Carnivores (496)? — Comment est leur dentition (497)? — Qu'est-ce que
la carnassière (497)? — Comment divise-t-on les Carnivores (498)? —
Qu'est-ce que les Félins (499)? — Qu'est-ce qu'un ongle rétractile
(499)? — Citez des Digitigrades (500), des Plantigrades (501). —
Où vit l'Ours blanc (501)? — Qu'est-ce que le système nerveux(322)?
— Où se trouve le cerveau (323)? — Par quoi est-il séparé des os
du crâne (324)? — Décrivez le cerveau (325). — Qu'est-ce que la
substance grise (326, 327)? — Pourquoi forme-t-elle des circonvolutions (328)? — Quels sont les caractères des Arachnides (643 à
647)? — Citez des Arachnides (650). — Quelle est la meilleure boisson (56)? — Pourquoi l'eau doit-elle être pure (56)? — Comment
purifie-t-on l'eau (57)? — Quelle est la meilleure manière (58)? —
Que pensez-vous des filtres (59, 60)? — Le thé et le café sont-ils bons (61,
62)? — Qu'est-ce que le lait (466)? — Qu'y a-t-il dans le lait (466)?
— Qu'est-ce que le beurre (467)? — Qu'est-ce que le fromage (468)?
— Qu'est-ce que le petit-lait (469)? — Qu'est-ce que les côtes (302)?
— Sont-elles toutes semblables (303)? — Qu'est-ce que le sternum
(303)? — Qu'est-ce que la moelle épinière (332)? — Qu'est-ce que les
nerfs (334)? — Quelle différence y a-t-il entre les nerfs sensitifs et les
nerfs moteurs (339, 340)? — Qu'est-ce que le grand sympathique
(345)? — Quelle est l'hygiène du système nerveux (346 à 349)?

(Nancy.)

Quels sont les principaux organes du corps humain (19)? — Qu'appelle-t-on tissus (10)? — Citez divers tissus (10 à 18). — Quelles sont
les parties du tube digestif (23)? — Par quoi est limitée la bouche
(24)? — A quoi sert la langue (25)? — Comment divise-t-on les
animaux (454)? — Qu'est-ce que les Invertébrés (455)? — Qu'est-ce
que le genre et l'espèce (456)? — Par quoi sont caractérisés les
Vertébrés (458)? — Combien ont-ils de membres (460)? — Comment
divise-t-on les Vertébrés (461)? — Quelle différence y a-t il entre les
animaux à sang chaud et les animaux à sang froid (462)? — Comment

divise-t-on les Mammifères (471) ? — Quels sont les caractères des Amphibies (502) ? — Où vivent-ils (503) ? — Citez des exemples (504).— Qu'est-ce que les Édentés (505) ? — Citez des exemples (506). — En quoi consiste la circulation du sang (169) ? — Quelles différences y a-t-il entre le sang artériel et le sang veineux (169) ? — Où le sang veineux devient-il artériel (169) ? — Où le sang artériel devient-il veineux (169) ? — Quel est le rôle du sang (170) ? — Quels sont les caractères des Oiseaux (541) ? — Comment est leur squelette (548) ? — Les os sont-ils pleins (548) ? — Comment appelle-t-on des animaux qui pondent des œufs (550) ? — Comment est constitué un œuf de Poule (550)? — Où se trouve le germe (550) ? — Sous quelle influence le petit se développe-t-il (550) ? — Qu'est-ce que les nids (551) ? — Qu'est-ce que les Oiseaux migrateurs (552) ? — Citez des Oiseaux migrateurs (562). — Citez des Oiseaux non migrateurs (553). — Citez des Oiseaux utiles (554). — Des Oiseaux nuisibles (555). — Qu'est-ce que le pancréas (43) ? — Que sécrète-t-il (43) ? — Qu'est-ce que le foie (44) ? — Comment est-il (44) ? — Qu'est-ce que la vésicule biliaire (44) ? — Que sécrète le foie (45) ? — Qu'est-ce que les Porcins (507) ? — Comment sont leurs pattes (507) ? — Citez des exemples (509). — Pourquoi faut-il bien faire cuire la viande de Porc (509)? — Quelle est l'hygiène de la respiration (248 à 259) ? — Qu'est-ce que la tuberculose (252) ? — Comment arrive-t-on à faire respirer un noyé (257, 258) ? — Quels sont les caractères des Insectes (595 à 610) ? — Comment leur corps est-il divisé (595) ? — Comment sont leurs yeux (597) ? — Et leur bouche (599) ? — Qu'est-ce que les Protozoaires (677) ? — Qu'est-ce que les boissons fermentées (63) ? — Et les boissons distillées (69) ? — Que contiennent toutes ces boissons (64, 71) ? — L'alcool n'est-il pas un poison (72) ? — Quels sont les caractères généraux des Mammifères (463) ? — Qu'est-ce que les poils (464) ? — Qu'est-ce que les mamelles (465) ? — Qu'est-ce que le lait (466) ? — Qu'est-ce qui produit la chaleur animale (171) ? — Quelle est la température du corps humain (171) ? — A combien s'élève-t-elle dans la fièvre (171) ? — Qu'est-ce qui fait mouvoir le sang (172) ? — Combien de fois le cœur bat-il par minute (173) ? — Les mouvements sont-ils réguliers (174) ? — Qu'est-ce qu'on appelle « ausculter » le cœur (175) ? — Quels sont les caractères des Reptiles (566) ? — Comment les divise-t-on (567) ? — Quels sont les caractères des Lézards (568) ? — Parlez du toucher (357 à 363).

(Lille.)

A quoi servent les dents (89)? — Que font encore les aliments dans

la bouche (90) ? — A quoi sert la salive (90) ? — Comment les aliments passent-ils dans l'œsophage (91) ? — Pourquoi ne remontent-ils pas dans le nez (92) ? — Pourquoi ne pénètrent-ils pas dans la trachée (92) ? — Qu'est-ce que « avaler de travers » (93) ? — Qu'est-ce que les Solipèdes (525) ? — Comment est leur estomac (526) ? — Ruminent-ils (526) ? — Comment sont leurs dents (527) ? — *Où met-on le mors* (527) ? — Comment sont leurs pattes (525) ? — Quelles différences y a-t-il entre le Cheval et l'Ane (528) ? — Quelle est la couleur du sang (160) ? — Qu'y voit-on au microscope (161) ? — Comment sont les globules rouges de l'homme (162) ; et des Batraciens (162) ? — Comment sont les globules blancs (163) ? — Sont-ils plus nombreux que les globules rouges (163) ? — Comment se déplacent-ils (163) ? — Comment mangent-ils les microbes (165) ? — Qu'est-ce que les Passereaux (562) ? — Et les Grimpeurs (563) ? — Citez des Grimpeurs (563). — Où se trouvent nos poumons (227) ? — Qu'est-ce que les côtes (228) ? — Et le diaphragme (229) ? — Comment l'air pénètre-t-il dans les *poumons* (230 à 235) ? — Comment en sort-il (236) ? — Combien inspirons-nous de fois par minute (237) ? — — Qu'est-ce que la toux (239) ? — Quels sont les caractères des Mollusques (589) ? — Comment les divise-t-on (590, 591, 592) ? — Citez des Céphalopodes (592). — Qu'est-ce que la déglutition (91) ? — Comment les aliments cheminent-ils dans l'œsophage (94) ? — Où arrivent-ils (94) ? — Que font les aliments dans l'estomac (95) ? — Quelles modifications chimiques y subissent-ils (95) ? — Quelle est la substance agissant dans le suc gastrique (95) ? — Qu'est-ce que le chyme (96) ? — Qu'est-ce que les Cétacés (529) ? — Comment se termine leur corps (530) ? — Comment est leur bouche (533) ? — Que mangent-ils (534) ? — Comment respirent-ils (535) ? — Citez des exemples (536). — Y a-t-il des Cétacés sur nos côtes (536) ? — Parlez du squelette de la tête (305). — Les maxillaires sont-ils mobiles (306) ? — Quels *sont les caractères* des Batraciens (572) ? — Que deviennent les têtards (573) ? — Le crapaud est-il utile (575) ? — Qu'est-ce que les Échinodermes (669) ?

(Bordeaux.)

De quoi est formé le corps des animaux (6) ? — Quelle est la constitution d'une cellule (6, 7) ? — Comment se multiplie-t-elle (9) ? — Qu'est-ce que les Mammifères (463) ? — Comment les divise-t-on (471) ? — Comment se déplacent-ils (470) ? — Sont-ils utiles ou nuisibles (473) ? — Quels sont les caractères des Chauves-Souris (486) ? — Comment sont leurs ailes (486) ? — De quoi se nourrissent-elles (487) ?

— Comment sont leurs dents (487) ? — A quelle heure volent-elles (488) ? — Que font-elles en hiver (489) ? — Citez des exemples (490). — Qu'est-ce que le Vampire (490) ? — Qu'est-ce que les glandes sudoripares (281) ? — Et la sueur (284) ? — A quoi sert la sécrétion de la sueur (285) ? — Qu'est-ce que l'estomac (36) ? — Comment sont constituées ses parois (37) ? — Qu'y a-t-il dans la muqueuse (38) ? — Comment divise-t-on les Articulés (594) ? — Qu'est-ce que les Myriapodes (651) ? — Parlez de la vue (406 à 453). — Qu'est-ce que le vin (64) ? — Comment l'obtient-on (64) ? — Qu'est-ce que le cidre (65) ? — Et la bière (66) ? — Qu'est-ce que les Primates (474) ? — Comment les divise-t-on (474) ? — Quels sont les caractères des Bimanes (475) ? — Quelles sont les diverses races humaines (476) ? — Où se trouve la race rouge (476) ? — Parlez du système lymphatique (193). — Qu'est-ce que les vaisseaux chylifères (104, 195). — Quelle est l'hygiène de la circulation du sang (196 à 201) ? — Qu'est-ce qu'un anévrisme (198) ? — Qu'est-ce que des varices (199) ? — Si un vaisseau sanguin se trouve accidentellement blessé quel bout faut-il pincer pour empêcher l'écoulement du sang (201) ? — Quels sont les dangers de l'alcoolisme (74 à 84). — N'agit-il pas sur la descendance (84) ? — Que pensez-vous des liquides appelés apéritifs (85 à 87) ? — Quels sont les caractères des Insectivores (491) ? — Citez des exemples (492). — Qu'est-ce que la Taupe (492) ? — Et le Hérisson (493) ? — Comment est le cœur des Reptiles (205) ? — Des Poissons (206) ? — Des Insectes (207) ? — Qu'est-ce que les animaux à sang froid (204) ? — Quels sont les caractères des Oiseaux (541) ? — Qu'est-ce que les plumes (542) ? — Comment est la bouche des Oiseaux (543) ? — Et leur tube digestif (544) ? — Qu'est-ce que le squelette (287) ? — Quelle est la constitution chimique des os (288) ? — Comment s'articulent-ils (297) ?

(*Montpellier.*)

TABLE DES MATIÈRES

DEUXIÈME PARTIE

LES ANIMAUX

APPENDICE

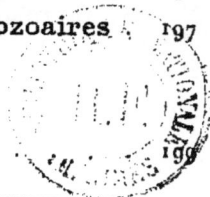

Bar-le-Duc. — Imp. Comte-Jacquet, Facdouel, dir.

COURS DE PERSPECTIVE D'OBSERVATION à l'usage des *Aspirantes aux Brevets de capacité* de l'enseignement primaire, par A. Legrand, professeur au collège de Dieppe. — Un vol. 18/12cm, 2e édition . . . . 1 fr. »
Cet intéressant ouvrage donne le développement des matières du programme officiel, la construction en perspective et le dessin ombré au crayon de tous les modèles exigés aux examens.

ENSEIGNEMENT PRIMAIRE DU DESSIN : NOTICE ET CONSEILS *pour l'application des quatre premiers paragraphes du programme officiel, avec l'indication des modèles*, à l'usage des écoles primaires et des classes élémentaires des lycées et collèges. — Vol. 18/12cm, avec 62 fig. dans le texte. 0 fr. 60

LE PROFESSORAT DU DESSIN, par H. Guédy. Guide des candidats aux huit catégories d'examens conduisant au *Professorat du Dessin* (Etat et Ville de Paris). — Un fort volume 25/16cm de 410 pages, illustré de nombreux dessins et de belles gravures, et un atlas de planches 32/50cm. . . . . 12 fr. »

HISTOIRE DE LA MUSIQUE à l'usage des aspirants et aspirantes au certificat d'aptitude à l'enseignement du chant dans les divers établissements d'instruction, 2e édition. — Un volume 18/12cm, broché, 1 fr. 50 ; relié cuir rouge souple . . 3 fr. »

L'ÉDUCATION MATHÉMATIQUE, journal 28/22cm paraissant le 1er et le 15 de chaque mois et publié par Ch. Bioche et H. Vuibert. — Abonn. ann. : France, 5 fr. ; Etranger, **6 fr.**
Ce journal est limité à l'arithmétique, l'algèbre et la géométrie très élémentaires. Il s'adresse aux élèves des cours complémentaires, des écoles primaires supérieures, des écoles pratiques de commerce et d'industrie et des écoles normales.
L'*Éducation Mathématique* publie les sujets de mathématiques donnés aux brevets élémentaire et supérieur, au certificat d'études primaires supérieures, au concours d'admission aux écoles normales, etc.

LES PROBLÈMES D'ARITHMÉTIQUE RÉSOLUS PAR LA MÉTHODE ALGÉBRIQUE (*Leçons élémentaires d'Algèbre*), à l'usage des candidats au brevet élémentaire, des aspirants au brevet supérieur et des élèves des cours secondaires de jeunes filles, par T. Gir. — Un vol. 20/13cm, 2e édit. 2 fr. 50

GÉOGRAPHIE DE LA FRANCE ET DE SES COLONIES, par H. Hauser, professeur à l'Université de Dijon. — Un vol. 16/11cm de 216 pages, avec 70 cartes et croquis. 1 fr. 25

MANUELS D'HISTOIRE, par H. Hauser. — Vol. 16/11cm, brochés :
De 1680 à 1789, 1 fr. ; *de 1789 à nos jours*. . . 1 fr. »

MANUEL DE PHYSIQUE ET CHIMIE à l'usage des candidats aux écoles d'arts et métiers, par J. Basin, professeur au lycée de Lille. — Un vol. 16/11cm, avec nombreuses figures, relié, 3e édit. . . . . 2 fr. 50
Ce petit livre, tout à fait élémentaire, convient très bien aux candidats au brevet élémentaire.

ANNUAIRE DE LA JEUNESSE, par H. Vuibert. — Un beau vol. 18/12ᶜᵐ de 1100 pages ; broché, 3 fr. 50 ; cartonné toile rouge, 4 fr. 50 ; relié maroquin bleu . . . . . . 6 fr. »

Il n'est pas une famille un peu éclairée, en France, qui ne soit appelée à avoir entre les mains *l'Annuaire de la Jeunesse;* c'est un guide *indispensable* à tous les pères de famille soucieux de l'éducation et de l'avenir de leurs enfants.

Programme du BREVET ÉLÉMENTAIRE de l'enseigne-primaire. — Broch. 18/12ᶜᵐ de 36 pages. . . . . . 0 fr. 30

Programme du BREVET SUPÉRIEUR et du CERTIFI-CAT D'APTITUDE PÉDAGOGIQUE. — Broch. 18/12ᶜᵐ. 0 fr. 50

PROGRAMMES

Ecoles normales prim. 0 fr. 50
Ecoles normales primaires supé-rieures de Fontenay-aux-Roses et de Saint-Cloud. . 0 fr. 25
Certificat d'aptitude au professo-rat des Ecoles normales et pri-maires supérieures. 0 fr. 30
Certificat d'aptitude à l'enseigne-ment du chant, des langues vivantes, de la gymnastique, des travaux de couture. 0 fr. 20
Certificat d'aptitude à l'inspec-tion des écoles maternelles. 0 fr. 20
Certificat d'aptitude au professo-rat industriel et au professorat commercial . . . 0 fr. 50
Percepteur surnuméraire. 0 fr. 30
Commissariat de surveillance des chemins de fer. 0 fr. 30

Emplois dans les services du Mi-nistère des finances. 0 fr. 50
Emplois dans les services des travaux publics . . 1 fr. 75
Postes et télégraphes (emplois divers). . . . . . 0 fr. 50
Section normale de l'école d'Arts et Métiers de Châlons. 0 fr. 50
Section normale de l'école des hautes études commercia-les. . . . . . . 0 fr. 50
Section normale de Commerce et d'Indust. de Jeunes filles. 0 fr. 50
Banque de France et établisse-ments financiers (et école préparatoire). . . . 0 fr. 30
Bourses commerciales de séjour à l'étranger . . . 0 fr. 30
Ecoles d'Arts et Métiers. 0 fr. 50

On trouvera dans l'*Annuaire de la Jeunesse* la liste et les prix de *tous les programmes* qui sont publiés par les éditeurs français et qui ont trait à l'instruction, aux écoles spéciales et aux carrières, ainsi que des *Recueils des sujets de composition* donnés dans les divers examens et concours. (Voir aussi le *Catalogue*).

SUJETS de Composition donnés aux examens des **Bourses dans les Lycées et Collèges** (Garçons et Jeunes filles), de 1890 à 1907. — Vol. 22/14ᶜᵐ. . . . . 3 fr. 50

PROGRAMME des examens pour l'obtention des **Bourses dans les Lycées et Collèges** (Garçons et Jeunes filles). — Broch. 18/12ᶜᵐ . . . . 0 fr. 25

COURS D'ENSEIGNEMENT PRIMAIRE

(Vol. 18/12ᶜᵐ, cartonnés) :

ARITHMÉTIQUE par A. et E. Ramé, instituteurs à Paris.
Cours élémentaire :
    Livre de l'Élève (116 pages, avec 54 figures). . . . 0 fr. 60
    Livre du Maître (188 pages) . . . . 0 fr. 90
    Cours moyen (*Préparation au Certificat d'études primaires et
    au concours d'admission aux Écoles primaires supérieures*) :
    Livre de l'Élève (232 pages, avec 55 figures) . . . 1 fr. »
    Livre du Maître (447 pages) . . . . 1 fr. 50
    (*Ouvrage adopté par la Ville de Paris pour ses Écoles.*)

COURS D'AGRICULTURE MODERNE par A. Ménard, Ingé-
nieur agronome, et J. Ménard, professeur d'école primaire supérieure :
    Cours élémentaire et cours moyen (1ʳᵉ année) (308 grav.). 1 fr. »
    Cours moyen (2ᵉ année) *et cours supérieur* (287 grav.). 1 fr. 50

COURS MÉTHODIQUE DE LANGUE FRANÇAISE, par
J. Trabuc, inspecteur de l'enseignement primaire :
Le Vocabulaire, la Grammaire, la Composition, la Lecture expliquée.
    Cours préparatoire : Vol. 20/14ᶜᵐ illust. de 89 gravures 0 fr. 60
    Cours élémentaire (248 pages). . . . . 0 fr. 90
    Cours moyen (324 pages). . . . . 1 fr. 25
    (*Ouvrage adopté par la Ville de Paris pour ses Écoles.*)

ÉDUCATION MORALE A L'ÉCOLE (L') par le Chant
(cours moyen et supérieur), par A. et M. Sentenac, instituteur et
institutrice publics :
    Livre de l'Élève (271 pages). . . . . 1 fr. 25
    Livre du Maître (335 pages, dont 50 de musique et de chant).
    1 fr. 60

ENSEIGNEMENT MORAL ET SOCIAL (L'), par A. Ra-
mage, instituteur à Paris, Répétiteur à l'école Arago.
    Cours élémentaire . . . . 0 fr. 60
    Cours moyen . . . . 0 fr. 75
    (*Ouvrage adopté par la Ville de Paris pour ses Écoles.*)

Vient de paraître :

COURS DE LECTURE, par Delage et Vernay, inspecteurs
primaires.
Exercices de langage et méthode de lecture :
    1ᵉʳ Livret de l'Élève. — Vol. 19/13ᶜᵐ, illustré. . . 0 fr. 30
    2ᵉ Livret de l'Élève. — Vol. 19/13ᶜᵐ, illustré . . . 0 fr. 40
    Livre du Maître. — Vol. 19/13ᶜᵐ, de 168 p., illustré. 1 fr. »
Lectures graduées :
    Cours préparatoire. — Vol. 18/12ᶜᵐ, cart. . . . . .
    Cours élémentaire. — Vol. 18/12ᶜᵐ, cart. . . . . .
    Cours moyen. — Vol. 18/12ᶜᵐ, cart. . . . . . .

www.ingramcontent.com/pod-product-compliance
Lightning Source LLC
Chambersburg PA
CBHW060030100426

42740CB00010B/1677